創造的破壊の経営学

破れない〝二つめ〟の卵の殻

村山元英
村山にな 著

文眞堂

まえがき

本書の書名、『創造的破壊の経営学―破れない〝二つめ〟の卵の殻』は、〝シアトルに生きる日本人たち〟によって選ばれた。「創造的破壊」という言葉自体に彼らや彼女らの〝シアトル人生〟を映し出していたのであろう。

シアトルに生きてきた自らの人生を振り返り、「創造的破壊」と主張するその者たちの言葉を、わたくしは海外に住む日本人の世界観として厳粛に受け止めた。そして、「創造的破壊」のシュンペーターやドラッカー理論を無意識の言葉にする者たちと、限りなく共感する〝シアトル人生〟を分かち合っていた自分自身の発見でもあった。

本書を象徴的に表現する仮の図書名として、『創造的破壊の経営学』以外にもいくつかつくってみた。そのタイトルを以下のように紹介すれば、読者に私の著作意図がより明確につたわるかもしれない。

1　「アメリカ経営文明を解く―破れない〝二つめの〟卵の殻」
2　「バイ・カルチャー経営―シアトルに生きる日本人」
3　「グローカリズム経営―〝場〟つくり哲学」
4　「経営学の基本―シアトル大学で学び教えたこと」
5　「陽のあたる77歳―シアトル大学へゆく千葉大学名誉教授」

副題の「破れない〝二つめ〟の卵の殻」とは、国際交流の「光と影の現実」を象徴的に表現する比喩である。異文化間の一つめの交流の殻は軟らかく容易に破れても、さらに踏み込んだ〝二つめ〟の異文化間交流には破れない硬さがある。ここに、「バイ・カルチャーの経営問題」が浮き彫りにされる。シアトル大学への日本人留学生は、この「破れない〝二つめ〟の卵の殻」の研究テーマを在米生活の葛藤から最大限に共感してくれた。このことばには、努力しても破れない異民族、異言語、異人種、異文化の壁への日本人留学生たちの実感が語りつくせない物語としてある。この問題意識は、四世代シアトルに生きてきた日系人にとっても、ある種の隠しもつ共通観としてある。そして、その壁を乗り越える生活力と人間力をそれぞれが日常的に革新し、生きてきている。

本書での私の国際経営学は、「バイ・カルチャー問題」を「マルチ・カルチャー問題」も含む広い意味で捉え、その変化の形態とその源泉に焦点を置き、その問題解決への哲学（考え方）と戦略（段取り・仕方）を提案することにある。そのために本書『創造的破壊の経営学―破れない〝二つめ〟の卵の殻』では、次のサブ・テーマで、「バイ・カルチャーの経営」の問題認識の研究領域と、その分析への基礎概念と、研究方法を日米比較文化論的にまとめてみた。

1　グローカリズム経営—小さなことは偉大である
2　バイ・カルチャー経営—変わらない構造が、変わるシステムをつくる
3　アジアン・パワー経営—西洋文明の終焉か？　アジア文明の再生か？
4　プロ・マインド経営—日本発の世界に通用する能力を問う
5　ホンモノ経営—日本人の意地、悲哀の美学、経営の芸術的あり方と本質
6　リスク経営—政治文化—「国民が国家である」
7　リスク経営—企業文化—自動車の国か？　人間の国か？

以上の七分野における、わたくしの国際経営学にたいする分析的視座は、いつもの通りで次の持説に基盤を置いている。

持説1　環境が変われば、経営の仕方も変わる。だが経営の本質は変わらない
持説2　経営の本質は、超越的問題解決への身体的経営一元論（グローカリズム思想）である

シアトル大学のＭＢＡビジネス・スクールでこの三年間、「国際経営学」、「企業文化戦略論」、「経営管理論」の講義を担当してきた。日本で築いてきた持説（例、グローカル〝場〟理論）をシアトル大学へ持ち出し、アメリカの大学でその持説の検証が狙いだった。「日本発の学問が世界に通用するだろうか？」、「日本の経営哲学が米国にどう伝わるか？」。そんな夢を大胆にも描いて、シアトル大学の教壇に挑む〝シアトル人生〟だった。

その経験を日本の大学の経営学関係者や、政治、経済、文化、社会全般への仮の報告書として本にまとめてみることにした。日本を出発する前に、わたくしの学問への理解者である三戸公教授（立教大学・中京大学名誉教授）からの与えられた研究課題もあり、また、早稲田の学術出版社・文眞堂の前野隆さんとの約束もあるので、二〇〇八年から二〇一一年にわたるこの三年間の激動のアメリカ、日本、そしてアジアと世界を、折々の機会にシアトル大学の静かな村山研究室にこもり共著者「村山にな」の協力を得てまとめてみた。

本書は、経営学の基本哲学を問題提起し、日米間における新しい考え方の交流架け橋をめざし、文化、教育、研究交流のお役に立つことを願っている。同時に、お世話になったシアトル大学ＭＢＡスクールの経営学科長のベン・キム教授をはじめ、同大学のコミュニテイ意識を豊にもつ教職員や、わたくしを慕ってくれた愛すべき学生諸君へのお礼の印でもある。また、おつきあいいただいたシアトルの日本人、研究協力をいただいた方々へ、本書を捧げてお礼の挨拶としたい。

付け加えて言えば、シアトル大学での研究教育（英語での）の成果として、年内に *Glo-cal "Ba" Man-*

agement: Foundation of Corporate Cultures (Chinmusicpress, USA, December, 2011) が全米出版市場にお目見えすることになった。『英文・経営人類学／会社文化戦略論』のもう一つの試みである。この機会に紹介させてもらいたい。これもあれも、文眞堂さん一家との心あるおつき合いの延長であり、そのおかげさまに向けて心より感謝する次第である。

共著者・村山元英と村山になの歓談風景。2011年8月　米国サンアントニオで開催されたアメリカ経営学会（AOM）参加の時のメンガー・ホテルにて

さて、本書の共著者・「村山元英」と「村山にな」との本書を完成するための共同作業の背景を次に紹介したい。両者は、それぞれアメリカの大学で同時期に教えてきた。「村山にな」は東海岸のニューヨーク市立大学で、「村山元英」は西海岸のシアトル大学で。両者は、アメリカの大学の現場で教育と研究について「共通の問題認識」を抱え、相互に相談し助け合ってきた。

「村山にな」は「アメリカ現代美術論」の研究分野で博士号（米国Ph. D.）を取り、その上に、ニューヨーク生活一五年を超えた、〝頼りになる〟共同研究者（達者な英語表現力と豊富なニューヨーク知識の持ち主）

である。「村山になな」の専門領域である「美術史・美術論」は経営学と比べると〝哲学〟そのものである。そこで、「村山元英」の「経営人類学」（本書もその流れ）の研究分野に「村山にな」は〝哲学的視野〟を加えることに貢献してきた。彼女の鋭い分析視点と批判精神が、走りすぎる「村山元英」の思考と筆を多くの場面で軌道修正してきた。

両者は、本書に掲げたテーマをめぐってこれまで、議論を重ね、相互に原稿交換し、コメントし合って原稿内容を磨いてきた。電話会議もさることながら、「アメリカ経営学会」の年次大会や「国際経営文化学会」のアメリカ大会に参加して相互交流の機会を積極的につくり、意見交換をしてきた。

これらの共同研究の内容を「村山元英」が中心的に書きまとめ、「村山にな」がそれを見直し批判し、修正するか、書き直す役割を担った。控えめで謙虚を美徳とする「村山にな」は、本書では「縁の下の力持ち」に徹して、「村山元英」の独り舞台効果に花を添えてくれた。ちなみに、「村山にな」とは、わたくし、「村山元英」の末っ子・三女のことである。

最後に伝えたいことがある。名古屋の中京大学のご縁で村山ゼミの教育と研究にご協力をいただいた、「長唄」（歌舞伎音楽）仲間の横井房子さんから、本書刊行にあたり格段の出版助成のお力を頂戴した。このことを文眞堂さんと共に厚く御礼申し上げると同時に、名古屋に残る江戸文化の層の重みを改めて認識し、感謝したい。

「人生総べて旅の途中」。まずは一休みして学問する人生の旅を続けたい。

二〇一一年七月七日

シアトル大学にて　村山元英
ニューヨークにて　村山にな

目次

第1章　グローカリズム経営

1　シアトルでグローカルを考える――アメリカ半世紀の変化を振り返り

私は、今から約半世紀前にアメリカの東海岸（ニューヨークとニュージャージー）の大学で勉強し、またアメリカの大学で教えてきた。その後日本に帰国し、千葉大学と中京大学で、それぞれ停年までつとめた。そして今七七歳で、米国シアトル大学のＭＢＡ大学院で教えている。

最近のアメリカ生活で痛感することは目まぐるしく様変わりするアメリカの変革だ。特に、私が馴染んできた五〇年前のアメリカ英語と、現代の英語とのちがいにあたふたしてきた。アメリカ英語は、東西・南北の地域間のちがいだけではなく、年齢間でのちがい、育ちや教養からの表現力のちがい、多民族間の発音のちがいもあり、英語のちがいにより私は半ば戸惑っていた。

アメリカでの英語の変化に戸惑うのは私だけではないことも最近知った。例えば、マイクロ・ソフト社を創立したビル・ゲイツの八三歳の父親（弁護士）が、シアトル大学で講演したとき、学生からの質

シアトル大学村山研究室の表札
Pigott Hall 418, Seattle University

シアトル大学MBAスクールの教室
1階　103番教室

問の英語が聞き取れず、彼は困りはて、司会役の学部長に「この若者は何を言っているのか」と、英語解釈の助けをもとめていた。

　ここアメリカ北東の太平洋沿岸に住む現代のアメリカ人学生を、今の私は教えていて、彼ら彼女らの押し殺した小声のボソボソ英語を聞き取れず困った。五〇年前の英語の活力は、ベトナム戦争以前のアメリカの姿を象徴するかのように、アメリカ人は勝利（第二次世界戦争）の誇りを胸にして、もっと大声で堂々として、自信に満ち溢れたしゃべり方をしていた記憶がある。

　このように、五〇年前のニューヨーク時代の昔の自分の目から、アメリカの「文化変容」や、「文明の変遷」を確かめたい野心が湧いてきた。いうならば、〝変化し続けるアメリカ〟をどう読み取るかが、シアトルに住み始めた私にとっての一番面白い研究課題だった。

　アメリカ変化の読み取りには、日本生活五〇年間で得た私の中に蓄積された経験を身体的モノサシとして使えるが、逆説的にいえば、米国生活五〇年を失った私の未経験が、残念ながら私の中の身体的モノサシとするには曖昧なところがあり、推理の域を脱せない。そうした限界を条件に、アメリカのこの半世紀（一九六二―二〇一一）の変化を、現場のシアトルで身体的に読み取りたい。
シアトルには、ボーイングや、マイクロ・ソフト、アマゾン、コスコ、スターバックスなどの多国籍企業の本社がたくさんある。シアトル発の多国籍企業の成長をこれまで支えてきた人材は、多くの日系人を含め多元的なアジア系民族である。シアトルは、ご存じのように「アメリカ大陸の辺境の地」だ。辺境の地に、先端的な産業が生まれ、世界的規模の大企業が誕生するのは不思議におもえる。だが、日本もアジアの辺境の地を利して、創造的な新しい技術や会社が逆説的に誕生してきたともいえる。

それはそれとして、アメリカの東海岸と比べて、その西海岸にはハイテク産業が先駆的に定着している。シアトルを含めて、ワシントン州、オレゴン州、カリフォルニア州の西海岸のビジネスは、農業や漁業などの第一次産業から始まり、外国資本の導入や海外との技術提携を含む工業の第二次産業、そして第三次の観光産業などのサービス産業から、そして第四次産業としての新情報産業やホスピタリティ産業が多種多様に栄えている。

また、シアトルには諸外国からの移民が多く定住してきた。特にアジア系移民が多く、日本からの移民には、一〇〇年を超える歴史があり、先の国勢調査では、シアトル都市圏で四等親まで日本人の血があるものは、約一〇万人いると推定されている。

ロンドンやニューヨークには、日本からのまとまった移民がなかったので日本のお寺『仏教』の歴史が浅い。お寺と移民とは繋がっている。日系移民の多いシアトル、ロサンゼルスには日本のお寺がいろいろある。浄土宗、真言宗、日蓮宗、さらに天理教、金光教、もちろん、日本人中心のキリスト教系の教会もあるが、日本の神社（ツバキ神社、伊勢一宮の分社）もあり、禅をわがものとし、日本の宗教や食事を日常生活化しているアメリカ人もたくさんいる。こうした事実からも、アメリカ西海岸が環太平洋アジア地域圏であることを実感させる。

そうした実感は、「アメリカ発のグローバリズムは本物なのだろうか」、という疑問を私に抱かせるようになる。変容するアメリカのグローバル現象をよく観察するとき、そのグローバル化現象の基底からは、アジアのエネルギーが混とんと湧き上ってきている。特に中国の活力が、アメリカ国内に浮上してきている。その活力は、中国脅威論とも、黄禍論とも、黄色熱とも、あるいは成長共有論とも、いろいろな形で理解されているが、忍びよる〝もう一つの〟グローバリズムを、私は、アメリカで最近の表面化した中国の活力から実感している。

そういう実感を踏まえて〝アメリカの変化〟をとらえなおすと、アメリカは、「巨大なアジアのローカル性」と、その他の国にとっての「道標モデルとしてのグローバル性」との二つの要素を価値内包している。このことを「グローカルな国家的資質」、すなわち、グローバルとローカルとの、混沌からの創造的破壊への〝お国柄〟という結論になる。

同様に考えると、日本発の〝もう一つの〟グローバリズムを提案する可能性もあるので、その意味を含めて、グローバルとローカルが一緒になった「グローカル日本再生論」もこの機会に考えてみたい。

2　カリフオルニア巻き寿司の思想と型をさぐる

今から半世紀前アメリカ留学から日本へ帰国した時、「日本学」関連の本を徹底して読み漁った。その思い出の中に幕末に福井藩にいた横井小楠の「愕然と驚く」という言葉がある。西洋文明との異文化接触で「愕然と驚く」ことによって、自分の思想が変わる。横井小楠は、異なる事象との出会いを弁証法的な自己開発とし、新しい日本への国づくりの指針と考えていた。

一方、同時代の吉田松陰は現象の奥底にある「本質を考える人」で、ものごとを本質的に捉えて、指導者開発や教育の指針とする哲学者だと判断した。またその時代の若い坂本龍馬は組織行動論的には、創造的破壊の脱藩者（冒険する勇気と許しの構造の持ち主）で、変革的リーダーシップの「行動する人」だと認識していた。

そうした先人を見習い、私も幕末の変革に生きた志のある日本人たちの、①「驚き（小南）、②本質を考え（松蔭）、③行動する（竜馬）」という視点で、今まで、アメリカ西海岸の〝グローカル〟現象と出会ってきた。いうならば、グローバルがローカル」・「ローカルがグローバル」というアメリカの真実を毎日実感してきた。

アメリカ西海岸で生活してみると、日米間における「共感と違和感への心理差」、「人間の文化度の違い」を感じる。例えば、アメリカの〝グローカル〟寿司文化の国だ。全米いたるところに「カリフォルニア巻」を看板商品とする寿司屋が点在する。シルク・ロードになぞらえた、日本とは同じようでおなじではない、アメリカ大陸には〝寿司ロード〟がある。

また、日本発の〝寿司ロード〟だけではなく、中国発、韓国発、ベトナム発、タイ発、インド発などのそれぞれの〝お国自慢の〟「食文化ロード」が、アメリカ国内に定着している。アメリカ人が食の感性に目覚めた背景には、庶民の外国を知り、母国を知る、素朴な人間臭さからである。いうならば、戦争と経済のグローバル化が、アメリカ国民を世界流動化させ、自らの食文化の自立をめざし、アジアの味を生活化する勢いである。

中・韓・日が織り成す、アジア系文化がアメリカ国民に生活レベルからの変革をもたらし、〝グローカルな〟アメリカ現代文化を構築している。中・韓・日のその混在性を区分できず〝アジア人を一つとして見る〟アメリカの庶民感性が、アジア食文化普及を梃子にして、アメリカ国内でのアジア・パワーを強める。特に韓・中系の人たちがシアトルに根を下ろし、力強く多様に生きるエネルギーを強烈に感じさせる。しかも、韓国系と中国系の海外で生きる活力は、アメリカ全土だけではなく、アジア、アフリカや南米の諸発展途上国も含め多くの国にもみられる。

例えば、ブラジルの首都・サンパウロで聞いたことだが、「〝四〇年前の〟日本人の意地が、〝今の〟中国人の意地や、韓国人の意地だ！」。この現実を日本人街に五〇年以上住む商店経営者から教えられた。シアトルもサンパウロも、日系移民の街が、中国・韓国系を含め〝意地のある人たち〟の進出や活躍によって、日系の街を様変わりさせ、「混在するアジア系の街」へとアメリカの都市文明を変容させてきた。

さりとは言っても、アメリカ国内に混在するアジア系アメリカ文化にも、中・韓・日の「意地の張り合い」（精神的競争関係）がないわけではない。それぞれが真似し、新しい形をつくり、さらに磨きをかけることが、文化変容のパターンであり、文明の変遷である。カリフォルニア発の寿司、「カリフォルニア・ロール」（巻き寿司）は、こうしたアメリカ文化に内在する、創造的破壊を競争的優位にめざす土着化への戦略特性から自発的に誕生した。

California Roll of *Sushi*

Unfamiliar nature (vegetable): Avocado in the center

Opposite positioning: White (rice) outside Black (seaweed) inside

「カリフォルニア・ロール」とは、黒い海苔がご飯の下に巻かれているので、巻き寿司の表面が、海苔の黒色ではなく、白いご飯の色である。あたかも、アメリカ国内文化を象徴するかのように、表層的には白人文化で、裏面的には黒人文化を見える化にしているようで面白い。

さらに、寿司のネタは、マグロではなく、メキシコ系の人が好む果物のアボカドである。「アボカドが、トロと同じ味だ」といわれても、感覚的にカリフォルニア巻きを私は食べられない。いうならば、本流の江戸寿司文化へのこだわりから、亜流の寿司文化ともいえるアメリカの〝グローカル〟文化へ、なにやら身構える姿勢である。

江戸前寿司とカリフォルニア寿司との比較を例にして、アメリカで

“グローカル化”循環

「思想と型」の国外流動：融合か分離か

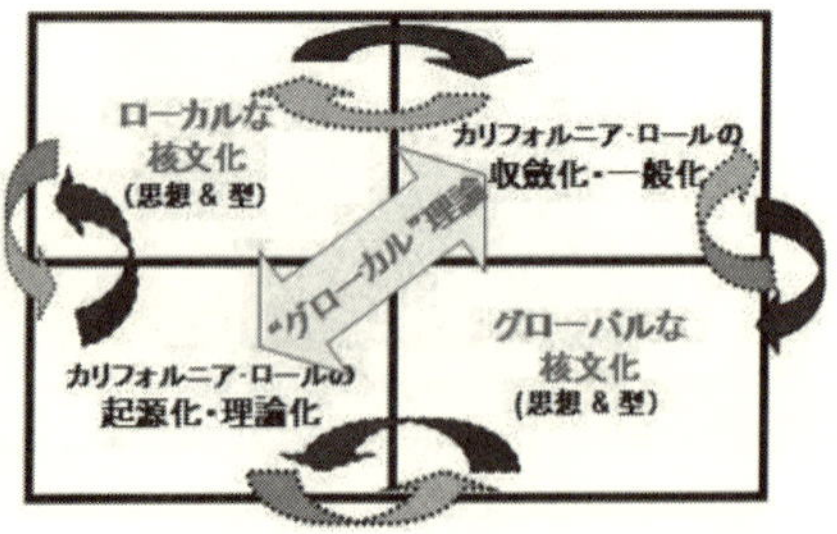

心身二元論的二元化／超国境的成長
グローカルな〝場〟の経営学

成功する「グローカルな経営文化」とは、日本からの「価値と型とが融合している〝本流〟よりも、日本の形だけを取り入れ、日本の価値（起源性／理論性）を引き算し、アメリカの価値（一般化／模倣化）を足し算して、型の模倣と思想抜きの〝亜流〟の土着化の方がとかく成功する。その関係を「グローカル化の循環図」でまとめてみた（上の図参照）。

寿司だけではなく、シアトルでは「ブーン・ヌードル」という、日本型のラーメン屋風でもあり、居酒屋風でもあるチェーン店がアメリカ型の大規模な大衆的レストランへと進化し大いに流行っている。そのそばに、ロック・ボックスという奇想天外のカラオケ屋もできた。これも日本の本流から離れた亜流だが、ビジネス成功のモデルである。

話を「カリフォルニア巻き寿司」の話に戻そう。カリフォルニア寿司を愛するアメリカ人にとっては、残念ながら江戸前寿司に籠められた日本の価値は希薄である。江戸前寿司の歴史的な起源性や積み上げてきたその理論性は、カリフォルニア巻き寿司の愛好家にとって、それは「見えない日本の思想世界」（例、粋な寿司文化）である。

アメリカのビジネスと文化のグローカル化には、超国境的な交流を通じて獲得できた成果の中に、

「見える模倣世界」と「見えない思想世界」との融合があるはずだ。「見える模倣世界」とは、外来モデルの〝形式の継承問題〟。そして「見えない思想世界」とは、外来モデルからの〝思想の選択問題〟である。

ご存知のようにアメリカは幅広く貧富の所得格差のある社会構造から成り立っている。同様に、アメリカの「〝グローカル〟寿司文化」にも、大衆化から高級化への幅広い変化への兆しを実感させる。例えば、日本の寿司文化の職人的な思想の代替として、アメリカの寿司文化への新しい思想が形成されてきた。それは、大衆的思想で、安くて、健康的で、手ごろなエキゾチシズムである。かくして、いつのまにか、カリフオルニア巻き寿司が、複雑性を消す「アメリカの大衆思想」と、アメリカのお国柄である一般化と単純化への「型づくり技芸」とを融合し、グローカル化の成功事例となった。

だが、その一方で、日本の寿司文化に内在する本流の思想世界を求め、亜流の思想世界からの脱出を探るアメリカ人もシアトルで見かける。その人たちは、「日本の本物が、アメリカの本物だ」という、思想と型の融合理念を下敷きにして、アメリカでのグローカル寿司文化の高度化を自己差別化へのライフ・スタイル・モデルとしている。いうならば、その種の高度なハイブリッド化をめざすアメリカ人は、日本人と同じように、「ただの物真似ではなく」、味のわかる〝粋な食通〟になりたいのである。

「カリフオルニア・ロール」の高度化過程で、アメリカ型の創造的変革へのあり方が見える。また物真似から脱却するアメリカ本来の〝意地のエネルギー〟も表出して、アメリカ変革の思想と型が現実なものとなる。その変革への方向性を、上の図の「〝グローカル化〟循環」で表現してみた。

「〝グローカル化〟循環」とは、例えば日本の寿司文化がアメリカの寿司文化へと土着化する過程で、初期的には〝分離の〟「収斂化や一般化」の先駆けに走るとしても、長期的には〝融合の〟「起源化と理論化」を志向するようになる。

そうした意味での「カリフォルニア・ロール」のアメリカでの高度化が楽しみである。最近では、「カリフォルニア・ロール」が日本へ逆輸入されている。しかし、油断めさるな！　アメリカの寿司文化の高度化が、日本での生活レベルで見えてきたとき、日米文化間での〝型と思想の〟分離ではなく、融合レベルでの競争が進化するとき、日本の本物の寿司文化は、世界に勝てない日本の柔道になり下がるかもしれない。

3　世俗的共感の〝グローカル〟媒体

グローバルな文化（例えばアメリカ）とローカルな文化（例えばニッポン）とを、価値（思想）と型（姿形）とを按配よく調和させたとき、〝グローカル〟な「場の文化」が誕生する。多国籍企業の海外での現地化は、市場、技術、生産、人事、財務、マーケティングなどの異文化をとりこんで、〝グローカル〟企業文化戦略を、広義の「場の経営」で磨くことだ（下図を参照）。

柔道が世界のものになったように、日本発の自動車も寿司も、そしてラーメンまでも、世界の〝場のもの〟になってしまった。こうしたグローカル化には二つの流れがある。

前述したように、グローカル化の第一の流れは、「物真似」である。「物真似」とは標準化や一般化、そして収斂化への謙虚な努力である。そこには、自国の技能と忍耐で、外来の型をとりこむ野心と能力が問われる。種子島の鉄砲も、東京湾のお台場にある大砲もそうして背景を前提として、「型の物真似」としてのグローカル化が発芽した。

第二のグローカル化の流れは、〝心身一元化の信念〟を形にする「科学技術思想」の取り込みである。別な言い方をすると、物体と精神とが調和する「科学技術思想のグローバリゼーション」である。「物真似」の現象からその「内在的価値」を知覚する。「物真似」に潜む起源を掘り当て、その理論を探る。別な言い方をすると、身体的モノサシで心身一元化の思想と技術の調和を求める。いわゆる寿司職人たちのプロへの修行である。

本物の寿司職人に限らず、世界的レベルでの職人芸は、心身一体化の思想を基底に据付けた技能と技術のグローバリゼーションに生きている。そこには「思想のグローバリズム」と歩調を合わせた「技術のグローバリズム」が期待されている。さりながら、「技術グローバリズム」と「思想のグローバリズム」の融合は、それぞれの異なる国民文化や組織文化と近似値的な「心身一元化の信条」によって左右されるので容易ではない。

視点をかえれば、思想と技術の分離と融合の論理は、「多元的な〝文化多様性〟と変化する〝文明の動態性〟」の影響下にあり、例えば、日本の本物寿司の〝グローカル〟進化の方向性が「世界標準」（グローバル規範）となりうるのだろうかという疑問もある。ということは、グローバルな世界的規範は、

ローカルとグローバルとの結合関係

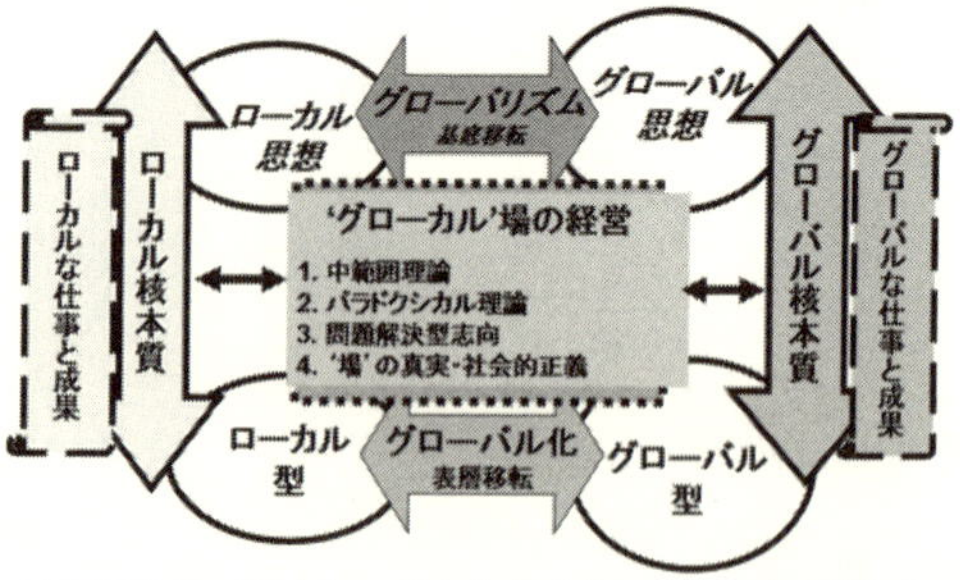

e.g. Is California roll *Globalism* or Globailization?. How about Toyota, GM, War?

技能や技術レベルでは合理的かつ科学的に考えられても、その技能と技術の根底にある「思想の理論性」や「価値の起源性」は、簡単に説明しにくいという苦難の道がある。

それはそれとして、「世界標準」や「世界規範化」への道筋でものごとを考えるとしよう。さて、誕生時期の「価値内在の技術グローカル化」が、国内で進化し、海外でも段階的に「価値のグローカル化＝型のグローカル化」の方向へと同じ歩みをする。価値と型の両〝グローカル化が〟融合した次元を、わたくしは、これまで「グローカリズムの〝場〟の経営」と定義してきた。リオデジャネイロで開催された二〇一〇年ＡＩＢ大会（世界的権威の国際経営学会）でも、論文審査に合格して、「グローカリズムの〝場〟の経営」の学会報告をさせてもらった。

アメリカのグローカルな生活現場で行動する型（姿形）とその源泉の価値（考え方）との融合が、心身一体化した世界で「身体的一元論の〝場〟の経営」が産まれる。その場のグローカル媒体事例が、日本の寿司であり、日本の自動車である。アメリカのトヨタ車にハイブリッド・カーがあるように、アメリカには、ハイブリッド・寿司がある。前者の車のグローカル化には、アメリカを基軸に世界規範（グローバル化）への「グローバル〝文明戦略〟」があるが、後者の寿司のグローカルには、世界の食文化の多様性を基点とする「グローカル〝文化戦略〟」の流れが強い。

韓国のサムスン社が約三〇年前のころ神田祭の神輿を担がせてくれと、某新聞社を通じて私のところに頼みに来た。そこで神田明神に特別にお願いして、二〇人のサムソン社の若手社員が神輿を担げるように段取りした。聞くところによると「日本のお神輿を担がないと，日本的経営の本質が理解できない」という。これが韓国の知的エリートが考えた日本から学ぶ「グローカリズムの〝場〟の経営学」だった。

サムソン社は日本の経営を単なる型として学ぶのではなく、日本の本質そのものを心身一体化の「身体的経営一元論」のレベルで学ぼうとしていた。日本の科学技術思想を「物真似」レベルではなく、「心身一体化」の〝お神輿体験レベル〟で学ばないと日本の知識階層を追い超せないと、同社の経営者らは当時考えていたようだ。

日本的経営を、終身雇用、年功性、会社組合の三種の神器と表層的に他人の言葉で捉えるのではなく、日本文化の基層レベルで現場体験の「グローカル〝場〟の経営」を、韓国の経営者は日本の下町庶民感性で知っていた。型だけではなく、個人と組織とが一つになる、差別解消、統合的感性、そしてコミュニテイ意識を学ぶという意味でのサムソン社のお神輿担ぎだったわけである。

ところがアメリカにある日本的なもの、例えば、庭園、芸事、寿司などを見ると、型の移転と思想の移転とがアンバランスになっている。グローバル化に向けて考えないといけないことは、通常いわれるグローバル現象が、「型の移転」か「思想の移転」か、そして両者の融合か分離かの問題認識を正確にすることである。

本来的には、身体と精神が身体的に一元化するように、日本からアメリカへの日本の型と思想の移転は、「二つが一つになる」という意味合いで「型＝思想」一致するように思えるのだが、アメリカでのグローカル化の現実には、日本からの「型＝思想」の本質的移転や定着は、半ば夢物語で、日本の型だけが移転し、日本の思想はアメリカの思想によって接木されている。

面白いことに、亜流が本流になるように、日本の型はアメリカの型として生まれ変わり、新しい場のリズムで生き生きとしている。日本では〝かけ離れた場〟の禅や、武道、書道、俳句、そして諸稽古事が、アメリカでは奇妙な形かこだわりのない自由な形で、〝身近な生活の場〟に定着している。

そして、アメリカ化した亜流の日本の製品と、サービスは、日本を超えてアメリカでのグローカル化の成長を楽しんでいる。言い換えると、〝場〟の「グローカルな現実」（glo-cal reality）と、あるいは「状況の真実」（situational truth）が産み出す〝場のダイナミズム〟の渦中から、アメリカの寿司文化、居酒屋文化、そしてカラオケ文化が、日本のそれらとは別次元で混沌として成長してきている。

しかし亜流はやがて本流へと変革することが、長期的には考えられる。混沌から秩序へと、亜流は本流へと進化する。大衆起源の「日本がアメリカ」・「アメリカが日本」という本流的発想は、世俗的共感の勢いに押されるようにして時代変革する。この種のアメリカでの世俗的共感は、日本の茶の間に浸透している『韓ドラ』（韓国のホーム・ドラマ）の能力と同じ役割を果たしてきた。

『韓ドラ』は日本の主婦らに支えられ、茶の間の花形的リーダー、すなわち、世俗的共感の「〝グローカル〟媒体」である。このドラマが演じる「グローカリズムの〝場〟の経営」は、それまでの好ましくなかった日韓関係を、よい方向に改善する戦略的な「日韓友好への際崩し・橋架けの国際媒体」となり、日韓両国に失いつつある、家族愛への「世俗的共感」を作り出すことに成功した。

その延長で、日米間の軍事基地問題の解決方向も考えられる。「日米間の世俗的共感」を活性化する「グローカルな〝場〟の経営」の演出舞台を新しく見出し、それを媒体にして、グローバル・ビジネス機能（国際経営）とワールド・ポリチックス（世界政治）を包み込み、超境界的な新しいグローカリズムの防衛の絆づくりを構築できるかもしれない。その好事例が、シンガポールのグローカル国家戦略である。例えば、小国シンガポールが世界そのものという見立てで、東西文明を融合する「世界コンベンション都市構想」を描き、その一貫として世界の一流大学のＭＢＡスクール群落を形成した。

ここに紹介した「グローカリズムの〝場〟の経営」とは、上図にしめしたが、軍事基地をめぐる日米比較文化の視点を参考にしてさらに次のように要約してみた。

① アメリカとか日本とかの両極端にとらわれない「中範囲の理論構造」
② 日米に関係なく個人や組織の社会性も利益性も含む混沌から美しい秩序への「パラドクシカルな理論構築」
③ 日米ともにリーダーの決断に向けた死生観で戦略的直感に目覚めた、超越主義にもとづく「問題解決型志向の行動」。そして最後に
④ 日米を超えた世界規範（Global Norm）への道標となるべき〝社会的正義〟(Social Justice)

で、その社会的正義を基底にする「〝場〟の真実」への自己覚醒と、その後の個人と組織の体験的自己確信である。

「世界規範」へのグローバリズムは夢物語でも、「世界標準」へのグローバル技術革新やグローバル研究開発は可能である。だが、「世界規範」・「世界標準」は、発展段階的にはローカルとグローカルな階段を上下する分離と融合の過程を宿命とする。そこには、常にグローバル市場という名の〝世俗的共感〟への引き金がある。

グローバル市場への引き金こそが、「〝グローカル〟媒体」である。現代の日本寿司も次世代の電気自動車も、そうしたグローバル市場という名の〝世俗的共感〟と共生する「〝グローカル〟媒体」である。そして、この種の製品やサービスの「グローカル媒体」の機能的合理性が、日米両国の土着文化のローカルな基本構造と、先端文明のグローバルな基本構造とをつなぐ役割を無意識に演じている。

その「〝グローカル〟媒体」には、グローカリズム哲学が価値内包され、その際崩し・橋架けの能力により、アメリカ文化の中に日本文化が再生し、また、同時に、日本文化の中にアメリカ文化が進化している。

4　〝グローカル〟の語源を探る

〝グローカル〟（GLO-CAL）の言葉には、グローバル（Global）とローカル（Local）の混成語であるが、その語源には、私の海外での現場研究の歴史過程とその思想の形成過程そのものの中に含まれている。言うならば、経営哲学を基礎にした日本発の「国際経営学と企業文化論」の誕生契機と、この〝グローカル〟和製英語は切り離せない関係にある。

「〝チャイバ・スクール〟」と「〝グローカル〟」は、同時期に生まれた新語である。この二つの新語は、ジャカルタのインドネシア大学で千葉大学の私がアジア諸国での現地研究の成果報告の後で、共同議論に参加したインドネシア大学での発見である。新語誕生の瞬間は、そのときの経済学部長のビリー・ユドノ博士と、経済・経営研究所所長のジュナデイ・ハジスマルト博士からのコメントにあった（参照：学問六縁研究会編『無限縁の創造―村山学の検証』（文眞堂発行、東京、一九九五年四月一八日、頁四九七）。

そのときの私は、昭和四九年（一九七四年）一一月一七日～二一日にかけて、国際交流基金の海外派遣教授（公費）として、インドネシア大学で「国家利益と多国籍企業」と「アジア経営学」についての研究成果を紹介していた。それに合わせて、共同研究者であるビリー・ユドノ博士とジュナデイ・ハジスマルト博士と一緒に「インドネシアの経営と文化」についての研究討議をした。二つの新語はその議論の中から偶然に生まれた発想である。

この共同研究討議は、同じく日本の国際交流基金による同大学のブウデイ・パラミーター博士の日本への派遣研究と日本現地研究成果と、私のインドネシアでの現地研究成果との比較研究へとその後進展していった。一ツ橋大学の故・板垣与一教授が、日本滞在中のパラミーター博士へ特別目をかけてくれたことを感謝の念と共に覚えている。

経済学を専門とするビリー・ユドノ博士は、私の勤務していた千葉大学のCHIBA（千葉）をCHINA（〝チャイナ〟）のように発音し、〝チャイバ〟と発音する癖があった。そして、私の持説を聞いたビリーは〝チャイバ・スクール〟（千葉学派）と一九七四年のインドネシア大学の会議室で決め付けた。

そのときの私の持説とは、アジア諸国での経営人類学的な現地研究を地べたの性質に還る姿勢で研究して、現地経営の基底に内在するそれぞれの国の「中枢文化」（Core Culture of Each Nation）を探し当てる方向で、欧米的経営とは別にその国固有の経営のあり方を求めていた。そこでの研究仮説的な持説は「環境が変われば経営の方法も変わる」という「経営前提条件理論」の提示であった

この考え方の根底には、アジアのローカル経営とアメリカのグローバル経営との間の重ならない矛盾だらけの発見があった。その矛盾はその後のアジア経営の現地研究者たちが共通に経験する異文化摩擦への理論探しと多国籍企業の現地化研究の問題へと発展していった。

ビリーは、〝チャイバ〟・スクール（千葉学派）の内容について、〝グローカル〟という新鮮な言葉を私に向けて発した。その言葉は、その場の彼の思いつきかもしれないが、私の持説の「経営前提条件の論理」をずばり言いのけたようで、「これはいけるぞ！」と一瞬の神の啓示を聞く感じが走った。そのときのひらめきの感動は、今でも忘れられない。

このように私のアジア経営研究報告へのビリーのコメントが〝グローカル〟という新語で括ったが、

ビリーと2010年6月4日，ジャカルタのホテルで家内と一緒に再会した。私も参加していたインドネシアの5カ年計画づくりの裏の仕事の話など，話題はつきず時間を忘れて旧交を温めた。その後の彼は，母国の通産大臣と，駐フランス大使の仕事をこなしてきた。そこでまた，大学に戻りインドネシア大学で，今「サステエイナブル経営戦略論」を教えている。私と同じ年だが，まだ健在である。英文の拙著を講義で使いたいという彼の所望に沿って，シアトルからその本を送る。昔の友とは，ほっとする，気楽な存在である。

なるほど彼から発した「新英語のグローカル」は、私の総てを言い斬って爽やかだった。この新しいマネジメントの英語の意味は、ベトナム戦争時代の私の南ベトナムでの現地研究（昭和四三年の一一月）までさかのぼり、全ての私の思考と行動とを言い尽くせて妙だった。

「経営前提条件理論」は、私の処女作の『アジア経営学入門―東方（アジアの）文化と（欧米の）経営の接点』（産学社、一九七一年九月）にまとめられている。そこには、グローバルとローカルとが交差する、主として東南アジアや韓国と台湾、そして印度を含めて、混沌とした「アジアの現地経営」を、アメリカ経営学の見直しからグローカルな視座で分析している。ここから、つぎの持説の、「経営の土着的近代化理論」や、「内発的発展の論理」が誕生してきた。

その成果を、千葉大学奉職後、インドネシアの共同研究者たちが名づけてくれた〈〝チャイバ〟・スクール〉を「国際経営学における千葉学派試論」のタイトルで、故・高宮晋教授会長率いる組織学会で報告させてもらった。当時の日本の学者は、新語の「〝チャイバ〟・スクール」や、新しいコンセプトの「グローカル理論」へは、不快感を持たれたことも事実である。当時の日本の経営学は、アメリカ発の経営学や組織学を新しい権威と崇め、その翻訳経営学の全盛時代であったことからも、今にしてうなずける。

インドネシア大学での共同研究で「〝チャイバ〟・スクール」と「〝グローカル〟・セオリイ」が偶然の思いつきで生まれた背景には、彼らに私と共通の価値観があったと思う。その価値観とは、アジアで生まれアメリカで学び、国づくりへのおもいである。アメリカの経営学が必ずしも祖国の経営学にそのまま移し変えられない悩みをお互いに抱いていた。当時のアメリカ型の文化抜きの経営効率論への疑問を、お互いに国づくりの経営学構築の視点から模索していたともいえる。

ハジスマルト博士はハーバート大学、ユドノ博士はニューヨーク州立大学、私もアメリカの大学院MBA教育を受け、国家のための社会的リーダーの育成を、アジア共同体思想で考えていた。その一方で、アメリカ経営を修正するアジアから情報発信も構想していた。

「〝チャイバ〟・スクール」と「グローカル・セオリイ」の言葉は、その後の私の多くの著書・論文・講演に織りこまれ、もう一つの経営思想として進化した。特に、成田空港反対運動を平和的に話し合い解決するための「哲学と戦略」として役立った。

だが、グローカルの言葉を、その言葉の起源的意味から逸脱して、根源思想抜きで便宜的に利用されていることも、残念だが事実である。

成田紛争の平和解決の運動で、ゲリラに家を焼かれて当時の報告原稿や討議メモは消失したが「〝チャイバ〟・スクール」と「グローカル・セオリイ」の言葉は、その後、アメリカを中心とする国際学会「Pan Pacific Conference」の会長Prof. Sang M. Leeらの外国系学者に支持され、奇妙に日本へ逆輸入され、名古屋あたりでも街中の大衆の言葉や、地元の新聞社発行の図書名などへと進化してきた。また「グローカルは村山が元祖だ」と私に教えてくれた、日本の古典派教授もいる。英国人の一学者も、その事実を文献に遡り証明研究していた。

だが今や、アメリカの街角にも、私の本を読んだ会社が、グローカルの新語を企業宣伝のために使う。シアトルに、「ヘール・エール」という地ビール会社がある。ここの社長に私の英文著書『Business Anthropology: Glo-cal Management』を差し上げたら、その翌年に、「グローバルに考え、ローカルに呑む」という新ブラインド・ビールを発売して、よく売れているそうだ。シアトル大学の学生がそう驚きのまなざしで教えてくれた。

シアトル大学の教授会でも、その将来構想づくりへの改革会義で、グローバルにしようか、モト（わたくしのこと）の言う、グローカルにしようかと、半ばまじめに、グローカル談義を俎上に乗せた。

シアトル大学の学生は、グローカルという言葉が大好きである。特にスターバック社やパッカード社など、大企業からのＭＢＡ学生が、なぜか、だれよりもグローカルの言葉に、賛成の意見をはっきりさせる。私もそこで、わが意を得たりとばかりに、最新のグローカル〝場〟のわが経営学を胸を張り講義する。その勢いで、Glo-cal "Ba" Management: Foundation of Corporate Cultures を英文で書き上げ、シアトルにある Chinmusicpress から二〇一一年一二月に出版することにした。

私の大学院講義シラバスには、その延長で「グローカル経営理論」を支える、研究方法論の〝チャイバ〟・スクールが、その研究視座と一緒に明記されている。もちろん上記の著書にも、「千葉学派の基礎理論、研究領域、そして研究方法論」が最初の三つの章にまたがり含まれている。

「グローカル概念」や、「グローカル思想」、そして「グローカル経営」を、もう新語のレベルから卒業させ、アメリカから情報発信する共通の〝世界言語〟へと進化させたいものである。

今私はシアトルに生きる日本人の一人である。ここでの生きがいは、グローバルの言葉の幻想を、グローカルの言葉の真実でつくり直し、ホンモノのグローバル時代の〝シアトル人生〟を、世界に築くことである。

5　グローカルな「〝場〟の意味」

「時間の真実」と「空間の本質」で、私はローカルとグローバルの現象を理解する。そのとき、①中範囲的で、②パラドクシカルで、③問題解決の鍵となりそうな、しかも④真実らしさの映像がおぼろげな形で頭に浮かぶ。それが、「グローカル・コンセプト」との出逢いである。
忘却してならないことは、「グローカル・コンセプト」にはこの「時間の真実」と「空間の本質」とが、無意識の動物的精気、即ち、人間の中に残された野性として含まれている。「〝場〟の意味」は、そうした意味での人間の生きている「時間と空間」の変革への正直な「動物的精気」であり、持続への「人間の中に残された野性」である、と私は解釈している。

〝場〟を物理的と精神的の両方の視点で捉える背景には、見える事柄と見えない事柄とのつながりを追いかける人間のその〝場〟の知性と感性である。だが、その〝場〟の知性と感性には、指導者の国際無知と経験不足がもたらす偏見が宿り、その偏見の狭量さが、多くの人々の不幸をつくる要因となる。特にその指導者の指導力的限界が、各種の災害に際してのリスク・マネジメントで現実となる。

そこでリスク・マネジメントのために、その〝場〟の解釈にもう一つの視点を加えるとしよう。それが人間の脳の中に進化蓄積してきた「脳内世界」(Brain World)、即ち、死生観である。世界は、見える物理的現象と、〝見えない〟精神的現象だけではなく、それ以外にも、人間の生命誕生の起源と進化の過程に正直になれる自己発見が、脳を基点とする世界観としてある。人間の脳は地球や自然の変革と共生してきた死生観を進化させてきた。言い換えると、冒険する勇気と許しの構造の「食物連鎖」と「生命連帯」とが限りなく持続している。この論理は、個体発生が系統発生の延長であるとする、人間進化の生命起源に遡る（左の図「生命起源直感図」参照）。

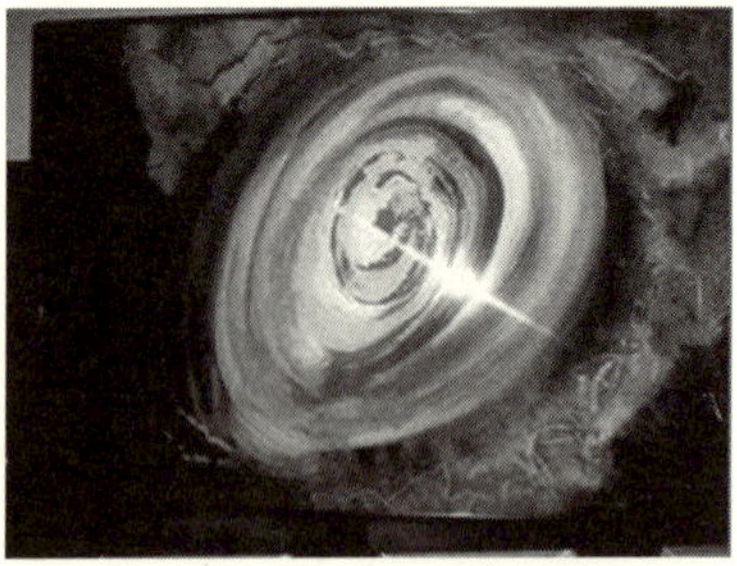

エストニアの生命起源直観画
—生命誕生の道，創造的破壊の動き形の純粋直観—
■“渦巻き”絵図との出会い：平成13年夏，エストニアの首都ターリン，画家の名はNeeme Lall
■この絵が語る（対象に自己を描く，宇宙内在的自己の発見）：
①宇宙の誕生，地球の起源，生命の誕生の瞬間を連想
②経営学の“原単位リズム”（動きと形の始まり）を直観
■コスモロジー経営哲学の原風景：
①「宇宙の理性」とは，破壊と創造の生命起源的秩序」か
②「経営哲学は，“破壊と創造の心身的自然観”」
③「自己とは何かとは」，「自己の中の宇宙と出会い」
④「自己経営とは，“宇宙の語り部”の身体との対話。内的生命の秩序の抽象観念を具象化するエストニアの絵かきに出会えたことは，思ってもみなかったことで，歓喜した」

私の推理するところ、江戸時代にはこの「脳内世界」(Brain World)、即ち、死生観の〝場〟意識が充満していた。というのも、刀を持つ武士階級間に死生観があったように、士農工商の社会階層に生きる町人階級も刀を持てない人生の死生観を砥ぎ磨いていたこととおもう。封建時代のそうした「脳内世界」(Brain World)、即ち、死生観が、逆に日本の近代化、現代化、そして国際化への踏み台になってきている。そうした直感的解釈を、私の中に生きている文化遺伝子、即ち、動物的精気が伝えてくる。

現実的に使われる日本語の〝場〟とは、生産現場、職場、仕事場など意味し、その場の雰囲気や気分や情緒的つながりを、効率原則として掲げる理論もある。それはその通りであるが、そこには意図的か

つ人為的な現場観がある。

私の〝場〟の意識は、「脳内世界」（Brain World）、即ち、死生観の〝場〟の意識で、とめどなく自然にこみあげてくる自発的な〝場〟の直感である。客観化の科学の限界から、主観の科学にしたいとする、私の隠し持つ経営人類学の野望をそこには、明確にみいだせる。

主観の科学とは、身体的科学であり、私自身を心身一体的なモノサシとして、「現象を観て」、「心と頭を真空にして」、「真意を洞察する」学問的姿勢である。そのためには、実践と理論とは同じでない。両者を結びつける基礎があるはずだとする。そこに、経営哲学が芽生える。その哲学への道は、物質文明と精神文明とを融合する〝場〟の創造をめざし、「脳内世界」（Brain World）との出逢いを永遠に求めつづけられる「感動の死生観」である。

シアトルに生きる日本人は、ニューヨークで生きる日本人と同じように、「感動の死生観」を価値内在させている、「脳内世界」（Brain World）を豊なものにしてきた。〝シアトル人生〟には多様に異なる動物的精気の人種、民族、人間性と出逢う、未知なる魅力の機会があふれている。

面白いことに、人間の中に残された「動物的精気の野性」は、生きる〝場〟の選択を常習化するところがある。東京にある〝下町〟文化がシアトルにもあるように、東京〝山の手〟文化がシアトルの対岸のベルビューにある。そして下町の路地裏を愛する動物的精気と、山の手の閑静を好む動物的精気とに、人間の中に残された野性は、それぞれことなる〝場〟を嗜好する。そこに〝シアトル人生〟選択の〝場〟選びがついて回る。

「脳内世界」にもとづく人生選択の〝場〟選びは、恋人の選択、結婚の相手選び、さらには仕事選びや学校選びも、その常習化の中にある。その常習化は、無意識の動物的精気の人間多様な生き方のリズムをつくる。そのリズムは、共に生きる相手の動物的精気を求める。白人は白人、黒人は黒人、黄色人種は黄色人種という、動物的精気による、人生選択の〝場〟選びと、〝場〟創りも「常習化の自然」として否定できない。言い換えると、異人種間、異文化間の婚姻と離別にもその人生選択の〝場〟選びと〝場〟創りに常習的特性が見られる。

シアトルに生きる日本人女性の国際結婚に最も精通しているビジネスは、日本人相手の引越し専門会社の社員さんかもしれない。シアトルに生きる日本人の結婚と離婚の人生の流れを、モノの流れに沿ってその心の流れを読み取れるからである。

「黒人と離婚した日本女性は、また黒人を選び再婚する」。「白人を選べばまた白人と、日本人を選べばまた日本人と、離婚から再婚する人生選択は、どうしてこうなるのでしょうか」と、シアトルの引越し会社の人は、ふと口にする。

この言葉の背景に、黒人、白人、日本人のそれぞれがもつ動物的精気、即ち、人間の中に残された野性実在の〝場〟を物語るなにかがある。

国際比較して動物的精気の相対的に弱い日本男児よりも、それのより強い身体的性質を残す黒人や白人の男性を日本女性が選ぶ。この仮説は、日本女性の中に残された野性実在の〝場〟意識を基軸にして、結婚・再婚の連続物語を証明できるかもしれない。言い換えると、国際結婚は、宿縁や因縁の同種の動物的精気の直感的結合の〝場〟である。

人間の動物的精気は、身体的な進化以外に、地理的環境と人間の歴史をつくる文化的進化としても考えなくてはいけない。前述した「脳内世界」（Brain World）は、人間の身体的進化と文化的進化の複合構造である。このような複合構造の動物的精気の探求には、総ての〝現場の空気〟を「現象認識する科学」があり、その空気をつくる根源を知る「実在直感の哲学」がある。

わたくしは経営学の研究領域の〝場〟をこのように考え、グローバルとローカルの境目を消す、「際崩しと橋架けの動物的精気」を学問の場の中で概念化してきた。私の国際経営学、企業文化論、経営戦略論、そして経営学原理と経営管理論などには、すべてに動物的精気の「〝場〟創り魂」が首尾一貫してはめ込められている。

シアトル大学で教え、かつ学ぶ今の私は、この「〝場〟創り魂」をあいかわらず持ち続け、わたくしの中の動物的精気を、明日にむけてより生き生きと進化させてきた。そこには「小さな博打（ギャンブル）をするな。どうせするなら大きな博打（ギャンブル）をしろ！」、という日本男児の〝場〟の根性がまだ生きている。そして宇宙を身体化しようとするコスモロジカルな生命連鎖の〝場〟創り野心が、どこで生きてもわたくしの中に居直っている。

「場」とはもともと漢字なので、中国人は、日本人と異なリ、物理的に限定した「場」の意識を持ち、精神的意味への理解が届かない。そこで、私なりの漢字の解釈で、「場」の漢字を解体して、「土」の地球、「日」の宇宙、そして地球と宇宙に挟まれた「勿」の生きもの（人間）とし、「場」を生命起源か、コスモロジカルの意味に説明してあげると、明快に理解してくれる。そのようにして、日本語としての漢字の〝場〟を、ひらがなの（〝ば〟）の意味に近づける。

つぎに欧米人に、特に、シアトル大学のアメリカ人学生に、ローマ字で〝ba〟を説明するときは、on site, place, space, location, area, spot, center, unit, organization と全て〝限定された〟物理的空間を意味する場合が一般的なので、その物理的空間に、精神的空間、雰囲気、情緒的世界、精神的絆、やる気、間（ま）の世界、呼吸合せ、察する、おもいやり、気分などの意味を追加する必要がある。

これまでの〝ba〟説明経験で、キリスト教やイスラム教の寺院ドームは、宇宙を取り込み、天の神と交流できる空間デザインである。「〝ba〟とは、人間が神と交流できる、そういう性質のものである」と説明すると、欧米文明と中近東文明は、私のいう〝場〟（ば）の世界を一神教的に理解してくれる。会社の〝場〟や、生産や仕事の〝場〟につながる、生命起源の、「場、ば、ba」のこうした深層的な経営論理は、超越的に問題解決できる「グローカルな経営論理」として次第に理解されるようになってきた。ありがたいことで、その理解者や引用者には心から感謝している。

第2章　バイ・カルチャー経営

6　シアトルに生きる日本人

シアトル近郊に最初に上陸した、日本人が三人（岩吉、久吉、音吉）いる。愛知県の小野浦から一八三二年一〇月に江戸をめざした宝順丸の乗組員は一四人いたが、嵐にあって一四ヶ月漂流。残った音吉ら三人は、アメリカ・インデアンのマカオ族に救われたが、その後、バンクーバーとロンドン、そしてマカオ経由で日本への帰国をめざすも、鎖国のために帰国できず。音吉はシンガポールで亡くなる（詳しくは、愛知県美浜町企画開発課へ）。

「シアトル・グローバル会議」（巻末資料参照）の開催にあわせて、高野山真言宗・総本山金剛峯寺執行の森寛勝僧正が、高野山真言宗シアトル寺院の今中太定住職と一緒に、「音吉供養」を荘厳にしてくれた。言い出しっぺの私は不慣れな施主を仰せつかった。

日本人の移民の多いシアトル都市地域には、日本人の定住化とそこに定着する成長企業との間に切り

ニッポン音吉の漂流地シアトル郊外ケープ岬アラバをM. K. と訪問。シアトル大学・村山研究室助手のアーメッドの案内で2010年夏

シアトル近郊にきた最初の日本人は，1832年に難破した尾張の宝順丸（写真）の音吉ら。約14ヶ月漂流
高野山シアトル寺院での「音吉供養」を含めて，シアトル大学での「"Seattle Is Global" Conference」を開催したが，その前に，宝順丸の乗組員14名の墓がある知多半島の小野浦にある「両全寺」を訪問しその霊を慰めた。中京大学の村山研究室に縁ある福田復彦，横井房子，河合江里佳のご三方も同行。太平洋の両極を結ぶ「穏やかな小野浦」と「霧に包まれたアラバ岬」の両地点に立って，そこで感じた「グローバル化の原点」とは，"大きな"自然と"小さな"個人とが偶然に融合した持続する命のリズムである。偶然に生きた個人の命が，その後の組織グローバル化への文化遺伝子として持続する。

離せない関係がある。例えば、ボーイング社や、マイクロソフト社でも、これらの巨大企業を大きく成長させた背景には、アメリカ生まれの日系人を含めた日本人社員らの計り知れない能力発揮と国際貢献があった。

論より証拠に日系人社員の卓越した企業業績と国際貢献が報いられて資産家となり、退職後の社会活躍（寄付行為）をシアトルの新聞報道やテレビ番組で見聞することがある。例えばマイクロソフト社の創業期にビリー・ゲエーツ社長と苦楽を共にした「スコット沖氏の財団活動」である。

もっと驚くべきことは、日系人の行政や政治への進出である。例えば、公設民営の「シアトル・ポート・オーソリテイ」（空港・港湾運営会社）の社長は陸軍士官学校卒業後、ハーバード大学院MBAの学位を取得しているT・ヨシトミで彼も日系人だ。その上部組織として、市民から選挙で選ばれる理事会組織がある。その構成員五人のうちの一人の議員はやはり日系人である。

日本人の移民の多いブラジルのエンブリアル航空機製造会社でも同じだ。リオ・デ・ジャネイロで開催された二〇一〇年のAIB国際学会の席で、ブラジルの日系人を中心とする航空機開発への活躍物語を、その会社の会長（CEO）の基調講演から知った。

アメリカに生きる、日米絆の国際人的資源を日本の政府も会社も、有効活用していないのではないか、と時々痛切におもうことがある。日本国内には日系移民を、もう一人の外国人として見がちである。戦前のアメリカに生きた日系人は社会的に迫害されてきた。戦後の日本政府はその迫害を傍観していただけかもしれない。また、多くの日系人は日本語が不得意か、話さないので、本国の日本人とアメリカ生まれの日系人との間には相互交流が敬遠されがちであった。そこに〝無言の距離〟がある。

第二次大戦後、時の岸信介総理の時代、戦後初の駐日アメリカ大使に日系人（米国生まれの日本人二世）をアメリカ政府は日本に推薦してきた。だが時の岸信介総理は、アメリカ大統領の推薦してきたこの日系人の駐日アメリカ大使候補者を断った。それ以来、日米関係でアメリカに生きる日系人の人的資源を日本の政府も企業も、そして教育機関も十分活用できないままでいる。もったいない話である。

岸総理の狭量的判断は日本では意外と知られていない事実だが、しかしシアトルに四世代にわたり住む日系人の間では、茶の間の家族の昔話となり、アメリカを知らぬ日本への同情が話の落ちとなる。ついでに言うが、シアトル近隣のベンブリッジ島の日本人移民集落が、第二次世界大戦の勃発で、第一番にアメリカ僻地の〝ミニドカ〟収容所に強制収用された。

こうして過酷な人生を余儀なくされた日本人と日系人の犠牲にたいして、戦後の人権裁判で長年法廷闘争をしてきた日系人是松（コレマツ）がいる。彼は投獄されても頑張り続け、最高裁でついに勝利を収め、レーガン大統領から罪なく強制収容され、財産を失い、精神的に傷ついた日系人と日本人への謝罪を引き出し、その賠償金が被害者すべてに支払われた。シアトル大学の法学部には、キング牧師と並んで人権運動史に名を残すこの人を称える財団が創立され、「是松研究センター」が二〇一〇年に誕生した。私もその設立儀式に招かれた。

日米国際関係の基盤力強化のために、もちろん米軍基地問題についても、アメリカで活躍する日系国際人材を活用すべきである。このものたちの築いてきたアメリカでの信用と知識を〝未活用資源〟としている現代の日本に、終止符をうたなければならないと、私はシアトルに住んでから常に感じている。

日系国際人材との有効的絆は、シアトルの旧日本人街（現中国人街で国際地区が正式名称）にも埋もれている。一〇〇年の暖簾を背負う老舗・日本料理屋「まねき」のバーカウンターには、毎週時を同じにして集まる日系人エリートたちがいる。彼らは地元の多国籍企業・ボーイング社、地元の名門・ノードストロム百貨店などの大企業のリーダー格で、シアトルの街に根を下ろした生活をしている。アメリカの独立戦争もこうした酒場のカウンターの話し合いからはじまり、また、ニューヨークの大銀行チェスもウオール街の酒場カウンターでの対話交流から創立した。

ワシントンで政治家と組んだ日米の絆を否定するものではないが、それとは別にアメリカに生きている日本起源の居酒屋文化で、日米の絆を再認識する日本のリーダーの人生観や世界観を掘り起こしてもらいたい。三木武雄元総理大臣はシアトルのこの街の日本料理屋で、皿洗いをしてワシントン大学を卒業した。彼がお礼に寄付した北米桜はワシントン大学のキャンパスに毎春見事に花を咲かせている。また、戦前の国際連盟で歴史に残る英語の名演説をした日本全権大使の松岡洋右も、シアトルの旧日本人街の某商会のマネジャーの仕事をしていた。日米外交の能力基盤は、首相官邸やホワイトハウスにあるのではなく、国際外交の草の根の魂が宿るシアトルの下町や酒場のカウンターから起源するものであり、そこに真の国際交流の理論と能力がある。

グローバル人材が求められている現代において、有能な日系人に日米関係への〝絆の誇り〟を抱いてもらい、そのための創出機会をどこかで企画し大きく演出しなければなるまい。その方向への脱出口はシアトルを起点に全米の話題となった「エーコン・アラスカ博覧会」の事例モデルがある。その時代はフォード社がモデルTの自動車を開発普及しはじめたころである。現代のシアトルを基点にアメリカ再生の大博覧会の花火を打ち上げられないだろうか。そんな思いを込めて、シアトル大学で、「国際経営文化学会」と共催して、「シアトルはグローバル」という〝旗印〟の下に二〇一〇年の秋に国際会議も開催した（巻末資料参照）。

話を、留学生問題に移してみよう。韓国人、中国人の留学生たちは、アメリカの大学や大学院を卒業し、アメリカの一流企業に入り、そこで能力をつけてから母国の会社や政府に移るので、日本人に比べて仕事能力と英語能力が抜群に高い。

日本の会社から派遣されたＭＢＡや技術系の留学生たちは、卒業後、アメリカでの専門的かつ競争的な職場経験の機会に恵まれないので、韓国や中国の他のアジア系留学生と較べてグローバルな力不足はいなめない。

毎年ボストンで日本人留学生を青田刈りする日本の会社イベントがある。日本の採用慣行をアメリカに持ち込んで、新卒のみを雇うことは、アメリカで卒業後アメリカの職場体験をもつ他のアジア系の若者の実力と較べて、当然落ちる。また、この種のリクルートの仕方は、アメリカでの実務経験を重視する採用方針と異なる。ボストンに飛んでくる日本企業の採用の仕方が、目先の英語力や実践に焦点を置き過ぎると、「日本人としても」、「アメリカ人としても」、〝未成熟な教養〟の持ち主である日本人留学生の実像を見抜けない。

将来の日本のグローバル力は、卒業後、もう一歩踏み込んでアメリカ系会社での経験を積んでからのその実力を伴うものである。海外にも持ち出した青田狩り採用方法には、日本的慣行でそれなりの意味があると思うが、もうひとひねりした工夫も加えて、アメリカに潜在する国際人材を採用できないものだろうか。

例えば、アメリカで中途採用の機会を広げるとか、日本企業経験のある非日本人をもっと探索するとか。〝アメリカ崩れ〟になるまいと、貧しくともまっすぐに生きている日本人の中にも、国際人材はいるはずである。また、インターンシップの機会を与えれば、たどたどしく日本語を話すアメリカ人の若者も社内で伸びる人材だ。希望を言えば、日本企業の国際人材の育成を、良質なアメリカ人が純粋に日本に関心を持つ段階から選択的に開始し、アメリカの大学と一緒にこれら国際人材を育ててもらえないだろうか。

シアトル大学大学院の「経営者・ＭＢＡコース」は、二〇一〇年には全米トップ二〇位以内に昇格した。日本人留学生にとってはちょっと難関のようだ。他のアジア系留学生と較べて日本人留学生の力不足は期末試験を採点しても歴然としている。

日本人留学生は学部レベルに数人いる。彼ら彼女らは、シアトル大学の前にある英語の専門学校（ＥＬＣ）で、一年間英語を集中的に勉強し、その後シアトルに散在する二年制の短大（コミュニテイ・カレッジ）にまず入学して、英語と専門基礎の力をつけ、その短大を卒業し、大学の学部三年生に編入してくる。

勉学環境の魅力として、シアトル市は全米第三番目の高得点で評価され、多くの学生からこの都市は好まれている。シアトル市内のある短大地域には数百人の日本人の若者がいて、日本総領事館が仕切る成人式もこの街の新興地域（ベルブユー）で行われる。短大は総て市立で、月謝もそのほうが安上がりだ。日本の地方の高校を出たり、受験に失敗したりした学生が、毎年シアトルにやって来る。東京や関西の有名私学の高校中退組や、大学中退組、それに、大学卒業後の若者がシアトルにたくさんいる。

日本人の女子学生の海外留学には、彼女らの両親に代わって伝えたいことがある。台湾系や韓国系の学生と較べて、日本系の女子留学生から「イエ意識」と「恥の文化」の希薄さを強く感じる。全部が全部そうだとはいえないが、台湾系や韓国系の女子学生は、〝浮ついた〟ところがなく、故郷の「家族との絆」が強く、家族に恥をかかせたくないという気持ちが強いので、やはり孔子の国を思わせる。

恥ずかしい話だが、台湾人や韓国人の女子留学生や私の教育助手（ＴＡ）が、私のところに日本の女子学生に注意するように進言してくる。その中身は「日本からの女の子はみんな素晴らしいのに、パーテイ・マナーがなぜだらしないとか、なぜおつき合いの男性選択に問題があるのか・・・・・」という問題。その指摘には否定できない観がある。留学志望が、日本人女子の留学目的は、国際結婚目当てで、アメリカにきているからかもしれない。だが、シンデレラへのガラスの靴を準備してくれる王子様とは会えない、そこで幻想の王子様で人生を妥協する。

国際結婚は政治的には、民間がつくる平和外交としても重要である。しかし、個人にとって国際結婚が、即、幸福かどうか、という問題は考えないといけない。国際結婚と、その後の離婚、そして極端な場合には、最後に自殺という物語もある。自殺女性の国籍がまだ日本だとなると、在シアトル日本領事館は日本の連絡先探しに多忙になる。日本への死亡通知の宛先がよくわからないからだ。その女性の国籍がアメリカだと、日本総領事館にとっては安堵。日本国家の責任が問われないので、その後の仕事から開放される。

いずれにしても、国際結婚は平和外交の礎として、その理解をふかめながらも、その個人の人間のドラマとしての歴史でもあるので、なんとか、国際結婚する日本人女性に、その結婚後も、変わらない笑顔を持ち続けてほしいものだと、私は祈っている。

よく見聞することだが、日本からの金持ち留学生の娘と、アメリカの男性との交際で、日本国内からの親族が表に出てくると、「日本の伝統と家族関係」の持続か、「アメリカの自由と個人主義」の世界化か、その二つの対立議論が問題点となる。

面白いことに、日本からシアトルの短大へやって来る日本人の男子留学生の方は、これはという確固たる将来希望はないが、可愛い台湾系の金持ち娘の留学生と結婚を約束し、仲良く生活し、両国の親も承知して家族関係と日台関係を暖かいものにしている。そういう日本人の男子留学生が私の周りに三カップルいる。

日本の国家や、会社、そして家族が抱いてきた留学という過去の概念は、いまや陳腐化し、日本の若者が〝祖国日本〟をアメリカにつくる、脱日本化現象かもしれない。その裏側の心理には、島国ニッポン、井の中の蛙の日本への挫折感と、開かれたアメリカからの期待感とが、複雑に絡んでいる。かくして、シアトル人生は、脱日本をマネジメントする、「日本の未熟な若者世界」である。

日本の若者に海外に出たり、異文化に接したりすることへ、若者の気概がなくなっていると言われるが、その原因はどこにあるのだろうか。

私は三〇年前、千葉大学勤務時代に、経団連の富士宮市にある「貿易研修センター」で、大企業から派遣されてきた国際社員候補を教えていた。その当時から、彼らは社内から選ばれた優秀な若者だが、海外勤務を嫌っていた。結局、日本が良すぎるからだ。日本ほどいい国はない。それが若者の心理で、それはその通りだと思う。日本の豊かさから海外勤務をのぞまない。島国の日本から動く世界が見えないこともあり、閉ざされた地域に住む者らの、言い換えると、「井の中の蛙の安心感」もある。

もう一つの理由は、「もうアメリカから学ぶものはない」などという、〝つくられた〟底の浅い世論からの影響である。日本の若者は、島国根性で井の中の蛙になっている面もある。アメリカから現代の日本を見ると、日本はそうした「閉ざされた国」、あるいは、「成長への無関心の国」という感じに見える。そうなると、日本からはますますアメリカが見えなくなる。

日本の企業が、アメリカのＭＢＡへ留学生を派遣する数を減らしたことは、経営成績の下降との関係もある。それ以上に、アメリカＭＢＡ留学の効果が、社内に還元されていないという問題もある。だが、企業派遣ないし個人としてＭＢＡ大学院には入学しないが、私費でアメリカの高校や、短大への日本からの入学者数を調べると、シアトル都市圏だけでも、約二、〇〇〇人いると推計されている。その青年たちの未来には、日本文化が希薄なので、未来のグローバル人材としての主体的資質の問題が今後個別的に問われることが予測される。

付け加えると、留学生を送りだす国には、「国家成長への勢い」がある。たとえば、シアトル大学での私の教え子の一人に、インドネシアの国際高校からきた韓国の娘さんがいる。父親の会社のインドネシア海外進出にともなって、インドネシアに移り住み、そこでの国際高等学校を卒業して、祖国韓国への帰国子女の道を選ばず、今アメリカの大学への進学をきめた。この娘さんの弟も韓国からアメリカ留学に来年に来る。家族が負担する費用は大変かかるとおもうので（シアトル大学では、一人年間五〇〇万円程度）、その負担にどう対応するのかを聞いてみたら、ソウルにある二軒の家を、一つ売却するとのこと。教育とは、若者の決断を支援する、「家族の覚悟」をつくる。家を売る覚悟である。

今、韓国が成長している勢いが、こうした教育への「家族の覚悟」に支えられ、会社の勢い、家族の勢い、そして若者の勢いへと連動する。日本にも、そうした国家成長への「教育の勢い」「若者の決断」「家族の覚悟」が以前あったが、なぜか今は下火になってきた。アメリカの大学や大学院へ入れない日本の若者の英語力、他のアジア系の英語力に劣る日本の英語教育も、大変気にかかるが、それ以上に、日本の高等教育や専門教育における英語講義への理解不足と人的資源活用の不効率や不適正配置にも関係者すべてに責任がありそうだ。

7　破れない〝二つめ〟の卵の殻――悲哀の美学「脱出から飛躍へ」の創造的破壊

名古屋の金持ち家族は、娘が東京の大学進学が決まると、「娘をいないもの」と直ちにあきらめる。理由は「東京で男につかまるから」といさぎよい。シアトルでも日本からの未熟な若い女子留学生が「アメリカの男に必ずつかまる」。そして、日本から飛んできた両親がわが娘の結婚相手の選択に途方に暮れる。

上智大学からシアトル大学への交換留学生として、毎年二人の女子学生がやってくる。その娘（こ）

たちが、単刀直入に日本からの女子留学生へのつぎの疑問を言葉にする。

日本からシアトルに来る若い娘（こ）たちは例外なくみんな素直で、可愛く、素晴らしい娘（こ）なのに、なぜアメリカの男性を見る眼がないのかしら。

純なる日本からの若い娘（こ）にはアメリカの男性を分別する目が未熟なのかもしれない。そこで、その日本娘のシアトル人生に明と暗の運命が待ち構えている。明と暗、陰と陽いずれの運命に分かれるにしても、そのものたちにとって、決断する「脱出への自由」と、そのあとの「飛躍への自由」を夢見る若き日の出会いがある。

結婚とは、人生の出会いであり、本人の「冒険する勇気」と、家族の「許しの構造」である。だが、シアトルに生きる日本娘の結婚には、その娘の決断に人生の無常観が漂う。若き日のアメリカでの出会い（国際結婚）が、その後のアメリカの離婚文化の出会へと発展する。その種の物語をよく聞くからかもしれない。自分探しの旅路が、誤った国際結婚の果てに行き場を失って、自殺する誇り高い日本女性の話題をときどき聞く。

もちろん、国際結婚を幸せの旅路づくりへとひたすらシアトルに生きる国際結婚組も身近にはたくさんいる。かいがいしく働く彼女らの姿には、日本では普段目にできない、気品と気高さがあり、隠しもつ育ちの良さがふとこぼれる。

アメリカ留学は若き時代の「脱出への自由」であり、その人の幸福探しだったにちがいないのだが。だが好奇心や逆境からの国際結婚は、さらなる「脱出への自由」を無常にも呼び込む。そして、ある中年女性はふとした出来心で、〝自殺への自由〟を選び、〝もののあわれ〟の日本がシアトルの湖水にも潜む。

逆に見れば、アメリカは多くの国から個人の「脱出への自由」を受け入れる寛大な国である。母国日本の受験環境の厳しさからの脱出が、アメリカで再起をはかる。もちろん、シアトル大学でこの三年間にわたる私の教え子にも、多くの国からの留学生がいた。

例えば、インドネシア、インド、台湾、マレーシア、フィリッピン、香港、韓国、中国、シンガポール、マレーシア、タイランド、ベトナム、スペイン、ドイツ、フランス、ウクライナ、ソ連、ペルー、チリ、ブラジル、サウジアラビア、タンザニア、ナイロビ、ケニアなど。

それらの海外からの留学生は、概して言えば母国で英語講義の国際スクール出身か、高校からのアメリカ留学組である。だから語学力があり、英語が正念場となる人生航路では、気楽なところがある。

考えるべきことは、アメリカを夢みての日本からの「脱出への自由」がアメリカ社会に溶け込める「飛躍への自由」とはつながりにくい現状である。そうした「脱出の自由」と「飛躍の自由」との間に、不連続なシアトル人生がある。言い換えると、夢見たアメリカには心から溶け込めないでいる、日本人のアメリカでの人間進化の問題がある。

日本人の人柄の無垢が、「脱出への自由」から「飛躍への自由」へと連動しない場合が多い。それでも、痛々しく、背伸びして「飛躍への自由」を振る舞う。そうしないと生きていけないシアトル人生もある。こうして、シアトルに生きる日本人は、それぞれ異なる人生の岐路に立ち、自分の中の文化主体性を問い始め、求め、確立していく。かくして、日本人本来の無垢なるものがアメリカで消える危機に直面する。

アメリカで生きる不安を衣服の装いで隠しても、「脱出への自由」が無意識に「飛躍への自由」とは重ならない。日本と「別れる人生」とアメリカでの「新たな人生」との、この二つの自由が重ならない悲哀を、グローバル化の過程に隠された真実として、わたくしは厳粛に受け止めたい。

私自身も含めて日本の大学出身の留学生の大半が「脱出への自由」を生き甲斐としたが、アメリカでの「飛躍への自由」には、日本人感性からの不快感で、距離を置いてきた思い出がある。この思い出が、「破れない〝二つめ〟の卵の殻」である。

見直すべきことは、少年期からの日本人のアメリカ生活である。その者たちにとって、アメリカの現実生活は「脱出も飛躍も」その自由を無意識にする闘いの場であり、動物的精気の〝群れる〟「同化のリズム」以外のなにものでもない。

その種の「同化のリズム」に馴染まないシアトル人生の日本人もいる。日本から大学時代に固まった価値観をアメリカに持ち込み生きるものたちもたくさんいる。それに反して、アメリカで少年期からの英語経験者や、アメリカ文化への「同化のリズム」の持ち主を、貴重な存在と見る日本企業もある。

今の私は、アメリカの一大学教授として、アメリカの学問をつくり、アメリカの大学教育で職を得ている。そこでは、日本文化と米国文化の両文化の相乗効果を求め「飛躍への自由」を目前にし、折角の機会の「二重文化」（バイ・カルチャー）の〝組み合わせの妙〟への挑戦を楽しむしかない。その一方で、わがシアトル人生は、多元的価値の触媒となる〝仮想的な〟「第三の場の文化」と「〝新しい〟場づくり」への教育実験もめざしている。

アメリカでの「飛躍への自由」をめざす今の私の課題は、シアトルに分断されている日本コミュニティへの〝緩やかな連帯づくり〟である。これまで私も趣味の邦楽・長唄の『勧進帳』（歌舞伎の曲目）演奏などでの企画を通じて、留学生、日系人社会、帰米二世社会、日系商工会、日米協会、国際結婚組、日本からの文化人社会、日本企業、総領事館、大学の日本研究機関、日米交流の多国籍企業、そして宗教団体などと出会ってきた。この地の「桜まつり」や「秋まつり」の催しでバラバラの個が一つになる〝イベントの感動〟にも参加してきた。

Nagauta: Kanjincho at Seattle University
(*Kabuki* & Global Education)

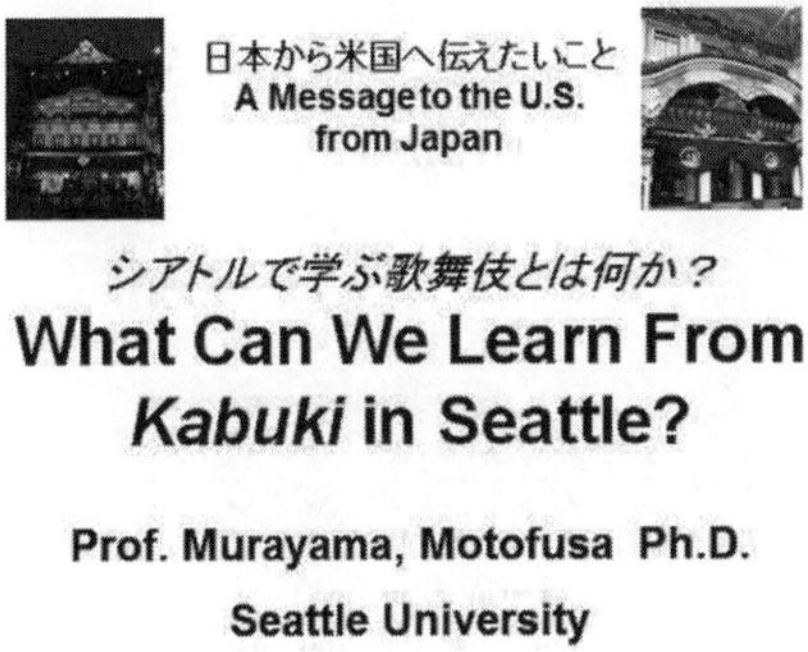

日本から米国へ伝えたいこと
A Message to the U.S. from Japan
シアトルで学ぶ歌舞伎とは何か？
What Can We Learn From *Kabuki* in Seattle?
Prof. Murayama, Motofusa Ph.D.
Seattle University

シアトルに日本文化の遺伝子（DNA）が強く残る背景には、ロサンゼルスと較べて、ここの日本人移民が相対的に流動しない定着状況に

ある。また、ロンドンでは移民がいないので、社会流動する日本人が多い関係で、日本文化遺伝子を見いだせなかった。

移民とは、その人間の文化遺伝子ぐるみの国境越えである。日本人移民のあるところには日本文化の宗教がある。宗教的遺伝子を護るお寺や教会が、移民のシアトル人生には必ずついてまわる。日本文化と切り離せない日本人のシアトル定着現象は、カリフォルニア・ロール（アメリカの寿司）だけではなく、アメリカ人神官が日本の神社を自らつくり、神輿までもかつがしてくれる。

だが残念なことに、日本の世界的国力や文化的権威が、シアトルにはまだ「ホンモノのレベル」では届いていない。ロサンゼルスの子会社か、ニューヨークの支店というところでまとまりのよさはあるとしてもだが・・・。

言い換えると、日本の戦後の〝高度化した〟日本文化の感性とその知的情報が、シアトルの「都市の自由」には必ずしも十分反映されていない。在シアトル日本総領事館でさえも、シアトル日本文化の本格的な高度化へは遠慮気味で、シアトルの庶民意識に同化してか、ほどほどの程度でよしとする大衆的価値観が支配的である。そうした傾向は、シアトルの大衆に愛され、わたくしも大好きな「大道芸の太鼓ブーム」に象徴されている。

そうした反省から、国際交流基金、日本総領事館、松竹株式会社を巻き込んで「歌舞伎講演と実技紹介」の企画をつくり、多様なシアトル都市圏の日系社会をつなぐ〝連絡協議会〟をシアトル総領事館に提案してみた。もちろん、本物の歌舞伎招聘への準備からである。

その提案は、シアトル大学の一日本人教授の日米文化の「飛躍への自由」の実験である。この実験は大成功で、シアトルに生きる日本文化遺伝子をみごとに目覚めさせた。

「桜まつり実行委員会」の力強い大結束と協力を中心に、在シアトル総領事館の後押しで、シアトルの「都市の自由」を〝見える化〟にした、松竹株式会社からの「歌舞伎講演と実技紹介」は、いつまでもわたくしどもの心に残る日本文化の面白さだ。「飛躍への自由」とは歌舞伎のように、なにやら滅茶苦茶に面白いものでなくてはいけないものだと学んだ。

もちろん、これ以外にもシアトル大学が中心となり、「禅とグローバル・ビジネス」「歌舞伎とグローバル教育」というテーマで、シアトル都市圏の地域社会と大学との間の「際崩し・橋架け」を目指す〝開かれた大学〟の教育実験をしてみた。

五〇〇人収容のビジネス・スクールのホールが満席を超えたとき、私の中の「脱出への自由」と「飛躍への自由」とがみごとに重なり、湧き上がる日米「バイ・カルチャー誇り」を実感した。

しかし、残された「飛躍への自由」への挑戦もある。それは、自己の中の〝もう一つの〟文化を意識的に否定するバイ・カルチャー人間とのつきあい方である。日本を捨て、アメリカに生きる日本人もシアトルにはたくさんいる。アメリカを選び日本を捨てたが、どこかで日本に寄り添わないと生きられない現実生活の悲哀がその者たちにある。

そうした悲哀をシアトルに生きる日本人は〝生きる活力〟と切り替える。悲哀からの活力を求めるものは、私も含めて日本での挫折感を持つものたちか、日本語のできぬ日系人、国際結婚に生きる者、顔が白人か、黒人か、そして数世代にわたり他民族との融合の日系血筋の人々である。それも一つの生き方で様々な「脱出と飛躍」の自由を積み重ねながら、「個人主義を普遍化」する生きざまである。

だが奇妙なことに、「個人主義を普遍化する国際結婚」には、偶然出会う時と場の記号により、自己の中の無意識の日本の文化遺伝子へとふるさと帰りすることがある。その変化は、自然の秩序であり、シアトルに生きる日本人たちの消せない文化遺伝子（宿命）である。

国際結婚してシアトルに幸せに生きてきた、そして老後を迎える日本人女性は、「日本に住みたい」と心の底から言い出す。「日本に住みたいとは、思いもしなかった」、と言い出す国際結婚の老後の人生には、ＴＶジャパン（ＮＨＫ）の素晴らしい国際番組づくりからの影響もあるが、日本への限りない望郷の念ともいうべき「ウサギ追いしかの山」の文化遺伝子がある。帰りたいけど帰れない日本女性の意地は、アメリカに住む夫への義理、あるいは、シアトルに住むわが子との親子のつながりである。

話を元に戻そう。「シアトルに生きる日本人」が、この地で超越的な創造性能力を発揮する。ディズニーの世界にある無垢な心で日本人が力を発揮できる背景には、「個人主義の普遍化」を相互に尊重する、シアトルの土地柄の人間性とその自然風景のよさがある。

前述したように、マイクロソフト社の創業期とその成長過程には、日系人の功績によるところ大である。シアトルで日本人の血を残す、そうした技術者や経営者のみならず、政治家や行政マン、そして芸術家やビジネスマンが数多い。この歴然たる事実は日本国家や日本経済にとって、アメリカに蓄積された知られざる「未活用の人的資源」である。

否定しても否定できない日本の文化遺伝子を隠し持つ白人系、アジア系、黒人系のシアトル人間は私の身近にも数多くみかける。シアトルの街で歩いていてすれ違った彼ら・彼女らは、何気なく、心からの笑顔の挨拶をわたくしの目と交わす。その者たちの語らない・語れない日本文化遺伝子を私は毎日感じている。

「日本文化の拡散多極化」は、アメリカに同化してきた日本人の歴史的過程である。その歴史文化は私が経験してこなかった、シアトルに生きる日系人世界に充満している。だが、私にとってその世界は、白人社会と同じで、あたかも、殻が二重ある卵に、〝一つめの殻〟は軟らかくて簡単に破れても、「〝二つめの〟殻」は硬くて破れない世界のようでもある。

アメリカ国内のグローバル化の世界は、複雑に入り組む「多極文化の〝場〟」である。その〝場〟には、都市のエネルギーを産み出す、〝二つめ〟の卵の殻を破る力、すなわち、「創造的破壊への正念場」がある。

シアトルに生きる日本人にとって、〝二つめ〟の卵の殻を破る「正念場」とは、日米関係を陰陽・明暗の自然摂理で包み込む度胸（はら）と「縁と粋」の〝場〟、すなわち、実践舞台である。「見る・見られる」関係の個人にとって、日米が向かい合う正念場は、「自己文化」、「二重文化」、さらには「多極文化」の波浪に流され、渦に巻き込まれる〝その場〟と、〝その時〟の現実と真実への冒険する勇気と許しの構造のリズム以外のなにものでもない。そこに「縁と粋」に生きる自己が試される。

「その場とその時」の現象を、心身一体的な身体的一元論の世界観で包み込み、自然秩序の本質から現象を見据え、「縁と粋」の精神文化で「場と時の真実」とに息を合わせ、己の行動を形にできる度胸（はら）が、〝二つめ〟の硬い殻を破る正念場である。この世界観こそが、たとえ何が起きても驚かない正念場の哲学である。

正念場の哲学が、日常生活化した異文化を自己の中に溶解できる創造的破壊の技を産み出す。その技の形が、市民活動となり、企業家活動となり，わたくしの学問となる。

私の求めた「脱出と飛躍」の融合世界は、〝二つめ〟の硬い殻を破る行為である。その行為は、幼年期や少年期のミッキー・マウスのような純粋無垢な心からくるものである。そうした無垢の精神で、多国籍都市・多国籍文化・多国籍企業のつながりを見直し、そこに生きる人間の生きる姿、形、振る舞いの本質を捉えなおす。そのことこそ、次世代への企業、社会、行政が首尾一貫して護れるグローバル規範である。

「シアトルに生きる日本人」について今の気持ちを後生にのこすとしたら、アメリカ文化特有の〝二つめ〟の硬い殻を破れる日本文化の〝悲哀の美学〟である。

シアトルで〝二つめ〟の硬い殻を破って生きる日本人たちに「悲哀の美学」がある。それは、日本文化の基底にある花鳥風月の無常観である。日本の春夏秋冬の自然のリズムを身体的な感性で文化遺伝子化し、日本人の個体発生の中に綿々と流れる系統発生の無常観が、「シアトルに生きる日本人」にとっての悲哀の美学の源泉である。

「悲哀とは」、喜びの裏の論理で、喜びを知る与件である。言うならば、悲哀は喜びに通じる旅券である。「美学とは」人間のそうした生態的進化の混沌にみる美しい秩序である。そして、「悲哀の美学」とは、喜びへの階段、混沌（カオス）からの秩序（美しさ）である。

「悲哀の美学」が、アメリカ人の〝何気ない微笑み〟とよく出会う。その〝何気ない微笑み〟の瞬間にわたくしの街では、アメリカ社会の微笑みと擦れ違う。アメリカ人は微笑みを絶やさない。シアトルは包み込まれて、そして「一つめの卵の殻は破れ、消えていく」。だが、その微笑は、「二つめの卵の殻の〝硬さの自然〟」を語ることなく擦れ違う。

擦れ違う〟微笑みの心の内側には、アメリカ人固有の正念場の意識がある。それは、〝硬さの自然〟として、例えば、人種差別意識である。

わたくしは、日本人の無理した、あるいは、つくられた微笑みも苦手だが、アメリカ人の肚（はら）を見せない微笑みと言葉にも困惑する。「〝二つめ〟の卵の殻を破らさせまいとする」、何かの不自然な正念場の哲学が、日米間の交流にある。

だからこそ、両国の「悲哀の美学」の根源をより深く見極めたい。また、人間の微笑みが、〝無垢な心〟からの自然の微笑みへと進化してもらいたい。その進化の方向に沿って、「〝二つめ〟の硬い殻を破れる」能力開発を、「シアトルに今生きる日本人としての」私は求め続けている。

8　バイ・カルチャーと、個人の企業家精神

日本で勉強したアメリカ人は、「親日家」であると同時に「嫌日家」になる場合もあるので、気心の知れないアメリカ人とのつきあいに気をつけなければいけない。そのものたちは日本ではちやほやされて、甘やかされる。だがそのあとアメリカに帰ると、同じ扱いがアメリカにない。だが日本での習性をアメリカへと引きずると、頭の切り換えができないまま、我侭な腹立ちに走る。

「日本が好きだが、嫌いでもある」という、二律背反の面白い現象がそこに見られる。彼らが本当に日本を愛するようにするにはどうすればいいか、この機会に考えてみたい。

逆も眞なりで、アメリカ生活での習性を日本に持ち帰ると、そこで、日本人は夢に見た日本へ憤慨し、ときには憤懣やるかたなく激怒する。変化した現象を受け止める自分の心身的モノサシの差し替えができていないからである。言い換えると、自分の中の日米二つの文化の相対化（「バイ・カルチャー」）の間の、「際崩し」・「橋架け」の能力の欠落である。

アメリカの高校では、日本語教育がかなり普及しているので、日本語を話せるアメリカ人はかなりいる。日本語を話すことが一つのファッションのようになっている。日本はアメリカにとって、〝かっこのいい国〟であり、若者に人気がある。

国際化が進むと不確かにシャベル外国語とともに、「バイ・カルチャー」（二つの文化の相対化）の問

題が必然的に起こる。いわゆる〝迷える羊〟の問題が浮かび上がる。〝迷える羊〟とは、日米どちらの言語、文化にも属せないで悩んでいる人間たちである。日本でもアメリカでもいいが、自己を確立する良質な文化を持っていないと、どっちつかずの〝迷える羊〟となる。いわゆる国籍不明瞭な国民のことである。

国家とは、国民によって成り立っている。その国民が、国体の維持、国家の精神を健全に保つ。このことが国際化の基礎として第一に考えたい。国家の概念には、「国民」コンセプト以外に、「領土」と「憲法」の意味が、その重要な構成要素となる。

太平洋戦争を、日本人は天皇陛下の名のもとに、故郷や家族のある「国家」のために戦ってきた。アメリカ人は自由のある国家のために戦った。今でも、アフガン戦争で自由の名のもとに戦死しているアメリカ人は絶えない。アメリカ人にとって「自由とは死生観」である。自由とは個人主義だが、その裏返しは責任であり、自由のために死ねる個人主義とおなじ意味なのである。

アメリカ国内には、多様な国からの多くの移民が層をなし増えている。その多様性の混沌の中に自由という信念の下で、バラバラな個人（市民）がつながっている。そのバラバラな個人（市民）の繋がりの確かな確認は、巨大施設での野球などのチーム球技スポーツへの共感である。そのスポーツ精神の延長路線に、全米大統領選挙のチーム運動イベントがやはり巨大なコンベンション・センターの花形プレーとなる。かくして、スポーツ観戦も大統領選挙への関心も、個人（市民）が自由を謳歌する「政り／祭り」ごとである。

アメリカでは自由が金科玉条で、個人（市民）はその金科玉条の鋤で人間世界を平らに耕そうとする。

だが、自由とは内面の真実であっても、これまで固定化して見えた自由の顔が現代のアメリカでは見えにくい。基本的人権としての同性愛問題や宗教的対立にも明暗がつきものであり、顔の見え隠れする議論がつきない。こうしたアメリカ文明の変化をシアトルの街で目の当たりにしてきた。

ギリシャ文明もそうだが、文明が成熟すると、同性愛人口が増加する。アメリカではこの種の話題が堂々と自由人権運動の主張へと進化する。ギリシャの崩壊前にもその種の人間がたくさんいたと聞くが、真実はギリシャの男女の彫像に聞くしかない。生物学者から、この問題は動物世界にもある自然現象だという説も聞いたことがある。だが、アメリカ文明の成熟過程で、この問題をどう解釈するかは政治的にも、宗教的にもわかれて不透明なところが残る。「バイ・カルチャー」（二つの文化の相対化）の問題を掘り下げると、この種の問題にまでつきあたり、アメリカ文明の変遷を改めて考えさせられる。

同性愛問題は別にして、「バイ・カルチャー」問題を再認識する都市変化として、アメリカのお隣のカナダのモントリオールが、参考モデルになる。ここで、「アメリカ経営学会・年次大会」が二〇一〇年の八月に開催された。その中のシンポジュームの一つとして、「モントリオールのバイ・カルチャー問題」が研究テーマとなった。モントリオールは、フランス系とイギリス系の人種が一緒につくった街だが、それ以外に、この数年間で全人口の三二％の人たちは、アジア系、欧州系などをふくめて多くの国から移住してきている。

モントリオールは、本来的には、仏・英の二つの文化から成立した典型的な「バイ・カルチャー都市」だ、それ以外にも、多民族が都市参加し、より異文化の集合する都市に変容し「マルチ・カルチャー都市」の色彩も強めてきた。さりとはいっても、「モントリオールは、最終的には個人主義を中心価値とする都市だ」と壇上の討議者たちは結論づけていた。

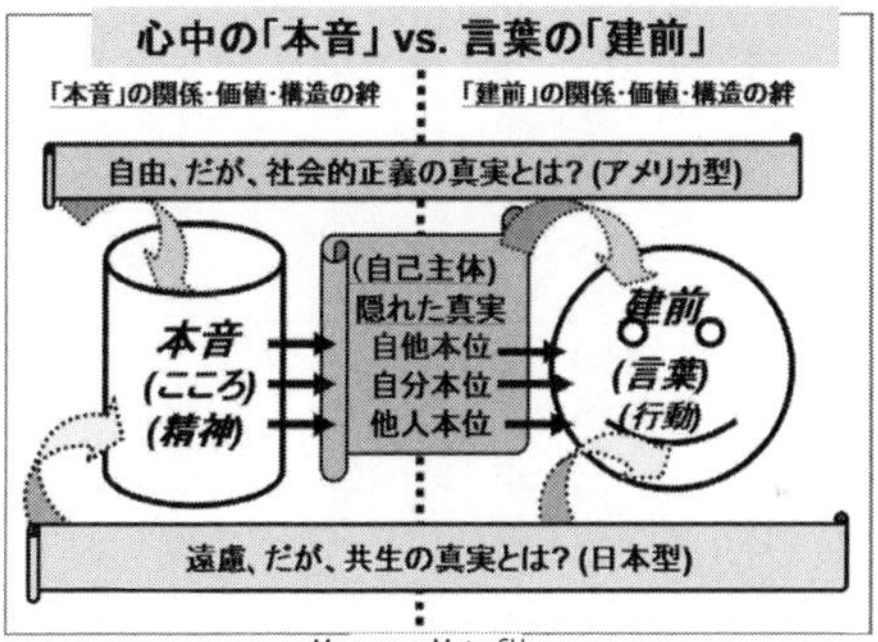

Murayama, Moto, SU

モントリオールを活性化する革新的方向は、「バイ・カルチャー」を基軸にして、異文化・多文化を風呂敷のようにつつみこめる、「個人そのもの」だという討議者がいた。その個人とは、企業家精神であり、その行動価値こそが一番重要なので、企業家精神の個人主義に帰れば、モントリオールはさらによくなるという考え方を、彼は主張していた。資本主義の原初的精神がこの主張から認識できる。企業家精神を支柱とする最近のモントリオールの都市イデオロギーとその個人主義の活力には、説得力があった。

人権・領土・憲法を貫いている国家の精神や都市の哲学を、単なる個人主義と利己主義の眼鏡で眺めるよりも、企業家精神でしっかり身体化したほうが、〝迷える羊〟にならない生き方づくりへの提言だ。都市の哲学や社会的正義ともいえる「資本主義と企業家活動」が、原初的基本の論理へ還ることを日本への一つの教訓としてうけとめた。

話はアメリカに戻すが、アメリカの「バイ・カルチャー」は〝創造的破壊〟への「文化多様性」と「文明動態性」を生み出す思想のリズムとその現れとしての行動の型である。このことを簡単に言えば、アメリカは、世界を抱え込み、異文化と異文明を絶えず自国に取り込み、なにかへの〝挑戦好き人格〟ということだ。

アメリカには自分以下のものは歓迎するが、自分を超える上のものとは闘う相手、あるいは自己の地位優位をめざしての挑戦目標として、権謀術数を駆使してのライフ・スタイルを油断なくネットワーク化する。特に九・一一事件とその後のオサマ・ビン・ラーデンの殺害以来、挑戦を持続するアメリカの大国意識の誇りが感じ取れる。だから「トヨタが、ＧＭを超えたことに許せない」というアメリカの誇りがあった。

〝挑戦好き人格〟を隠し持つアメリカは日本よりも「本音と建前」の振幅を大きくする国である。だが、「建前」を屁理屈で述べる若者の自己弁護や、幼児期から訓練された「建前」の演技達者たちとは、一線を劃して次への議論を進めたい。

アメリカの「建前」を自由とみなせば、その自由を夢のような形而的な「大きな建前」として言葉にすればいい。「真実の本音」が別のところにあることは、みんな知っているからこそ「大きな建前」はそれはそれとして夢の共有レベルで理解している。

かくして、「建前」は挑戦好きな庶民が求める〝憧れの記号〟となり、形の見えない情報世界へとその挑戦は埋没する。そこには、「機会が平等」とする民主主義のかなえられない夢がオーロラ化する

〈美しく見え、消える〉。アメリカ人の「本音と建前」の、その〝振幅の大きさ〟を理解するとき、夢のある話を共有できる親しみを味わえる。

その味わいは、日本の見え透いた嘘よりも、グローバルにして、高度な説得力である。その「建前」の説得力も、それに対抗する別の自由や平等の流れに揉まれ、アメリカの民主主義を進化させる調和の仕組みの流れに合流する。その流れの中で、バイ・カルチャー人間は、自己組織と自己主体性のサスティナビリティに向けて、日米使い分け、あるいは融合の〝場〟のマネジメントをする。先（53頁）の図は日米関係にみる、「本音と建前の構造の比較」を直感的に描いたものである。

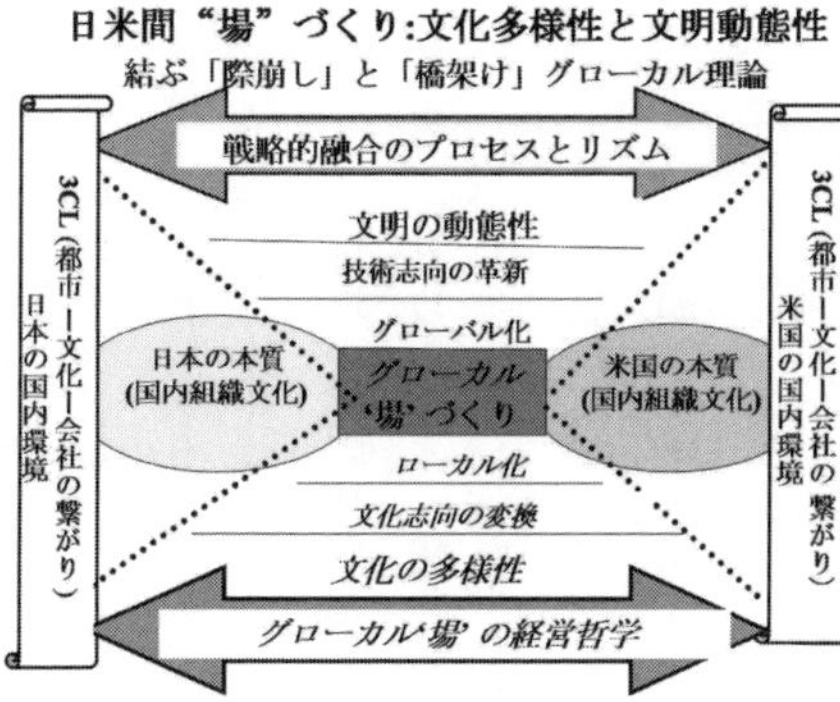

日米バイ・カルチャー人間の企業家精神を、シアトルの街角から見直す視点を次に紹介しよう。学問の種は身近な日常生活のリズムにある。シアトル大学周辺の街に、若者が集う多くの音楽酒場や飲食店、ファッション店などが雑踏の賑わいをつくる。そこに、歌舞く振る舞いの如く〝奇想天外な〟日米混交の居酒屋、回転寿司屋、そしてカラオケ屋の三店舗が続けてできた。経営者は日本大好きな二人のアメリカ人で、日本定住の経験はないが、よく日本へ旅行して日本を楽しむハイテックのプロフェッショナルらだと聞いている。この企業家はアメリカ在住の日本人建築家の知恵も入れ、日米

間の「文化多様性」と「文明動態性」を組み合わせて、グローカルな〝場〟づくりの経営に成功している。その構造を図に示すと前図（55頁）のようになる。この図を説明しよう。

シアトルの街の変化で発見した「バイ・カルチャーと個人の企業家精神」は、私の身体的モノサシで図ったもので、計量科学的なものではない。このコンセプトは、シアトルの街の中に住み、「洞察する観察」と「現場の実際体験」を、価値論や方法論とする経営人類学的な学問の所産である。

持説の「グローカル〝場〟の理論」への、「バイ・カルチャーの論理」を加えた多少の解説を下記にまとめておく。

1　環境が変われば、マネジメントの仕方も変わる。だが、マネジメントの本質は変わらず同じである。日米の「都市・文化・会社」の国内環境は異なる。だが、両者の「国内組織の本質」は変わらない構造だ。

2　変わらない両国の本質を前提にして、両国をつなぐ場の論理が、グローカルの論理で、その定義は次に要約され四つの柱。①中範囲の論理、②パラドクシカル（矛盾）な宿命、③問題解決の方向性、④〝場〟の内在的真実の探求。

3　以上のグローカルな〝場〟の論理の構築過程には、マネジメントの本質であるカオス（混沌）とダルマ（秩序）の融合を知る直感（人間に残された動物的精気・遺伝子）と科学的知性を身体的モノサシにする揺らぎの修行（仕事の遊びのリズム）がある。

4　「揺らぎの修行」とは、①「熟知のローカルと未知のグローバル」の間の道行きに休むことなく旅を続け、②「技術の科学と文化の情緒」のハザマの風景を楽しみ、③「文明とは何か」「文化とは何か」を問う自分発見の旅の目標に気がつき揺らぐ。かくして生きる自分を見つめ・見られて、自分（個人）と回り（組織）を良く（改善）する④「哲学と戦略との出逢い」を求める旅姿へと脱皮する。

5　その旅姿こそ、変化する現象を知り、その起源を考え行動する自分であり、その自分が〝内なる〟マネジメントの動物的精気である。結論は、世間や地球を自己身体化して、総ての〝場〟において、生きる意味（哲学）と生きる方法（戦略）がマネジメント（経営）である。「持続する夫婦生活」や「自然発生の男女の恋愛関係」のように、マネジメント（経営）とは、あらゆるところで生きているその〝場〟（ば、Ba）の人間の中に残され動物的精気のプロセス（過程）やモーメント（瞬間）、そしてリズム（変化）なのである。

9　アメリカ文化の高度化

前にも触れたように、アメリカの〝グローカル〟寿司文化（カリフォルニア巻寿司）の変遷過程で、私なりに解釈した

（1）思想と型の〝分離した〟「大衆文化性」

（2）思想と型の〝融合した〟「高度文化性」

浮世絵師・写楽は，美の秩序を人間臭さの中に見出す。

の両者のちがいのあることを、アメリカの現代文化として説明した。さらにこの理解をつきつめれば、現代のアメリカ文化の中に日本理解を含めて海外文化の吸収による「アメリカ文化の高度化」は現実のものだろうか、という疑問がある。

今の私はシアトルの大学で教えながら、かつ、アメリカから学び、激動するアメリカ生活から幅広の文化変容をさらにきちっと理解しなくてはならない。現代の日本のアメリカ理解には偏った知識で凝り固まったところがある。そこからの脱出路を探り、日米間の新しいグローカル交流理解への格上げの路線をこれから模索しなければならない。

アメリカの大学で教えていて、高度で深い、粋な文脈文化、すなわち、ハイ・コンテキストなカルチャーを話しても、それがわかる学生が以前よりかなり増えてきている。大学院ＭＢＡ課程の学生に、私は先学期「グローバル戦略と日本の会社文化」の授業科目を教えていた。その講義の中に「歌舞伎文化」と「酒文化」に流れる、日本の経営思想を私の体験を加えて信念としてわかりやすい言葉、日米共感の理論モデルになる方向で講義し、集団討議をさせた。

その学期の終わりに、名前を告げないあるＭＢＡ学生が、わたくしの学内郵便箱に、「写楽」の歌舞伎絵が表紙にある日本酒を投げ込み、講義への感謝の言葉を添えてあった（前後の写真参照）。私の講義内容と人間性を江戸の浮世絵師の「〝写楽〟と見立てた」この学生の粋な扱いに、アメリカの日本理解の高度化現象の実在を知り、「アメリカ文化を侮れない」と、驚きかつ腹の底からの笑いがこみ上げてきた。アメリカは、このように日本文化の複雑性を理解する情熱をたぎらせ、言われてきたような単純な国ではない方向へと確実に変わってきた。

このように、アメリカの文化の文脈をロー・コンテキスト（歴史が浅いので複雑なことがわからない）とする、過去の単純理解を払拭する必要性も感じている。

さりとは言っても、まだ、すべてを言わないと通じない世界、暗黙知よりも言葉による交流を絶対視するアメリカが、根強く残っている。学部学生に対しては、きちんと言葉で、ものごとを言わないと私の授業に学部学生はついてこられなくなる。すべてを言い切らないと、私の講義への学生評価が下がる。言葉を惜しみ、削ることは、誤解をまねき、地位を失う。何でもはっきり、具体的にすべての本質と現実を言い切ることが大切だ。

日本のように相手の心を察し、言葉を婉曲にすることは、更なる誤解の種になる。もちろん、言葉を伝えるのではなく、中身を伝える努力が、言葉をつくりだす。その中身の表現を、いろいろな言葉で変えてみると、学生からの理解への反応が変わってくるものだと

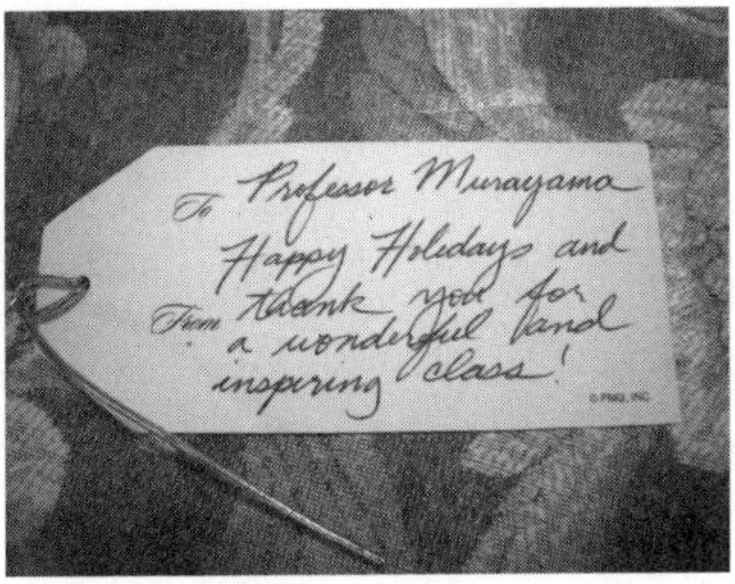

村山教授へ。素晴らしい、鼓舞する講義ありがとう！

知る。

講義の中身の問題は、基本的な考え方をどのように理解させるかという価値観のコミュニケーションの問題である。日米の共通価値観は、行動する型に映し出された〝生きているリズム〟として理解することもできる。見えない価値を見えるものごとにすることが、私の求めている講義であり、見えるリズムとしての型の表現を、事例教育化する。

例えば、岐阜県の山奥の郡上八幡で見る本物の郡上踊りと、東京の銀座祭りで見る郡上踊りとは基本的に違う。そこに住んでいる人たちの生活のリズムがそれぞれちがうから、踊りの型が異なる。踊りの型の中にそれぞれの営みの生活のリズムがある。リズムが型になるので、自然の山奥の哲学（生活リズム）と、文明の都市の哲学（生活リズム）が、それぞれ異なる郡上踊りの型をつくる。思想がリズム化して型になるというわけだ。

同じことがアメリカでもいえる。アメリカの寿司には、日本の生活リズムを欠いた、味わいのない標準化した寿司の型だけが見える。そこから寿司の思想とは何かを、前述したように考えはじめた。このように、文化とは思想的なもの、見えない〝生き様〟への発見の感動リズムのようなものである。

さらに、アメリカ化した寿司文化をアメリカの都市文明の変遷との関係で捉えなおすと、その都市文明の実体が、逆に明らかになる、言葉で言い尽くせなき文化、その地に生きている生活リズムを、都市の哲学とみなせば、そこに、アメリカの都市文明の変化を形にした日本発の寿司文化の潜在力も感じとれる。

そうした都市文明の変化を超えて、さらに都市文明の高度化を生みだす異文化交流の広域化と、その掘り下げ効果、すなわち、創造的破壊へのアメリカに潜む内なる高度化能力を、アメリカの街の中の生活日常性リズムの中で、今確実に感じている。あえて言えば、若い国の文化は未熟さもあるが、速い速度で成長する文化度もあるものだ！　と知る。油断禁物、アメリカを知っているとは、もういえない。

10　アメリカのジャポニズムを考える

日本からの三味線は「物質的な道具」だが、一方、日本からの寿司は人間にとっての「生命的な食物」である。音を作る道具と、身体をつくる食物とが、アメリカへ紹介され、それぞれ現地適合や現地適応してきた。アメリカの競争社会には、三味線も寿司もとりこみ、多くの機会がある。いうならば、ふところの奥行きがあり、寛容性のある国である。それと同時に、そして巨大文明化する傾向と、成熟した文明の欠陥も発生しやすいところである。そのためには、アメリカ文明は、文明の淀みの弊害からの自律と防御をめざし、常に海外から異文化を取り入れ、アメリカ物質文明へ、精神的活力を注入してきた。

異文化を取り入れる時に、「化ける」と「なり切る」との二つの方向がある。日本の浮世絵がフランスに入って起こった変化に、ジャポニゼーションとジャポニズムがあった。若手の画家たちが日本の浮世絵から「型の真似」をした。

ポートランド市の日本庭園。全てが日本の価値と型とが融合の極地

そのうち、浮世絵の型よりも、浮世絵の思想を取り入れる画家がでてきた。それがフランスの一流画家モネだ。モネは自宅に日本庭園を造り、池の上に橋もつくり、池には蓮を植え、水辺には柳を植えた。初めは池の蓮を描いていたが、しだいに、池に映っている空や雲、いわゆる天、宇宙、そして東洋の幽玄の世界を描き始めた。モネは日本の文化そして東洋の深層の哲学に目覚めたのである。

日本の庭づくりから日本の思想を取り込んで、フランスの絵に込められた思想をより「フランス・らしく」高めたところに、フランスのジャポニズムの本質が認識できる。

フランスの国内に日本文化の本質をつくる。それが、モネがつくりだした「型の真似」から、本物願望を基底にした「価値の発見」への道順だった。大胆によくそこまで日本文化にのめりこんだなと、モネに感心してきた。

アメリカでもそういう意味でのジャポニズムの時代が、本格的に足元のところまできている。たとえば、シアトルの近隣大都市のポートランドの日本庭園である。この都市と札幌との姉妹都市関係が持続する文化交流を形にして、純粋にまぎれもない、日本の庭園思想と庭園材料を日本から持ち込み、そのゆるぎない本物の日本文化の持続には驚嘆するものがある。ポートランドの市民が愛する庭園文化をより高度化し深層化する方向で、日本の本物庭園が、〝超国境的な〟「公益思想と公益科学の融合世界」で位置づけられている。

目線をかえれば、工業化や情報化の産業の分野にもアメリカのジャポニズムがある。たとえば、アメリカ国内でのトヨタの車は、リコール問題はあるにせよ、アメリカの顧客の価値として居直り、日常の生活行動として組み込まれている。報道による批判記事とは裏腹に、自動車の価値を相対的に知るものらにとって、トヨタ車の評判は相変わらず高い。

トヨタの車の事例にみられるように、日本の価値・型がアメリカの価値・型になるには、日米間の収斂過程、模倣の一般化、そして、グローカル化の過程がある。アメリカの思想と歴史に日本の思想や歴史が重なる。これが私の言うグローカリズムであり、アメリカのジャポニズムである。かくして、アメリカのジャポニズムとは、すべての面での日米間の流通格差の縮小効果の成果といえる。

例えば、ニューヨークの馴染みの蕎麦屋では、行くたび日本と変わらない本物の蕎麦の味に、「化ける」のではなく、「なり切っている」。味のわかるニューヨーク在住の日本人の上等客を逃がさないために努力し、かつアメリカ人の味覚のレベルの向上に的を絞った戦略を展開しているからである。こうした努力の蕎麦屋はニューヨークに生き残れる。こうした意味での蕎麦屋のジャポニズムは、トヨタのジャポニズムと相通ずる日本の職人文化に刷り込まれたグローカリズム思想（Glo-calism）、すなわち、会社は地域とその人間と共に生きて、発展しようとする「グローカルな経営哲学」である。

神田の藪そばは、親子三代一緒に住む家族の味で、その生業・家業を誇りとする地域連帯の持続の所産である。シアトルのスターバック本社も、そのモデルをとりこみ、スターバックの名を消し、街の伝統的な道路名をつけたアンテナ店舗をシアトル市内に三店舗作り始めた。〝グローカルな場づくり〟をめざし、「グローカリズム思想」の原点に返るスターバックの最近の経営戦略にも、アメリカの先端的ジャポニズムが感じ取れる。

第3章　アジアン・パワー経営

11　アメリカに進出するアジア系民族の勢い

シアトルでもメキシコ系市民を除く、最大少数民族は韓国人である。インドネシアへ飛べば、ジャカルタに住んでいる日本人は一万二〇〇〇人だが、そこに暮らす韓国人は六万人に達したことを、二〇一〇年の夏現地で聞く。その市内の目抜き通りには中国系の銀行が堂々とビルを構えていた。

アメリカそしてアジアを含め、世界中で韓国系と中国系の企業と人たち、そして韓国と中国の学生や学者の数が急速に伸びている。サムソン系の経営者の娘さんを名古屋の大学で教えたことがある。彼女は親の教えで、日本のものはすべて取り込む意気込みをもっていた。しかも、学ぶにスピード感があり、日本の変化を積極的に吸収する勢いの背景には、日本に対する競争心もかなり強いものがあった。

その姿勢は、アメリカにあってもかわらない。

シアトル大学で教えていて中国本土からの若者の扱いに注意が必要である。南京問題や、靖国問題にからんだ反日教育を受けている場合があるので、日本人の私の講義へのある種の批判的態度でのぞむ学生もいる。そのためか、何とか講義批判への種を探そうとする。ところが、中国本土以外の台湾系、インドネシア系、香港系の中国人は日本贔屓だ。インドとサウジアラビアの学生も日本が好きだ。

楽観できることは、中国本国でつくられた反日意識がアメリカのグローバルな情報社会にさらされ、変化するようになる。特に、日中韓の二世の世代になると、共有するアメリカの価値で、アジア系民族間の差別意識が薄くなるか、自然に消えていく。

面白いことに、シアトル大学に学ぶグアム島生まれアメリカ人大学生に、アジアのクレオール化（異種人種間の自然な融合と現地化）を、素直に発見できた。この若者はボーイング社に希望どおり入社した。この青年から聞いたことだが、こまったことに、グアム島に反日意識が芽生えていることを、シアトルで教えられた。グアム島での日系企業の関係者とその観光客らの傲慢さが、現地の反日意識を生みだす要因のようだ。

注意すべきことは、アジア・太平洋系の人たちが秘めている反日意識には、建前と本音、愛と憎しみ、肯定と否定、論理と感性、そして、「自国の利益」と「外国の利益」の、パラドックシカルな二重構造を抱え込んでいる。たとえば建前として反日を言葉にするが、本音では、日本を取り込むことを，自己利益の手段としている。アジア系のビジネスマンや、知識人や、そしてジャーナリストに、その傾向が多く見られる。

中国本土からの反日教育を、アメリカにまで持ち込む留学生もいるが、それはそれとして反日を言わざるを得ない、過去の日本への歴史解釈とその国の時の為政者の政治的立場を理解しなくてはいけない。

同時にアメリカに移り住み、そしてアメリカを学ぶアジア系若者が、開かれた頭と心で、しだいに「日本に前向きの関心を持つ」。そうした方向への心理変化も無視できない。アメリカの中に定着しているアジア系若者文化にこれまで接してきて確実にいえることは、わたくしの生徒たちは戦争の傷跡を知らず、アメリカ文化を介添え役にして，好意的感情を持って、わたくしの講義に参加している。

平均的にいうと、アジア系留学生は、大学を卒業後アメリカでの仕事を経験して、できたらアメリカでの永住を希望している。国がまだ不安定だからだろうか。その一方で、中国のエリート家族が日本に来ると、日本でそのこどもを中学や高校まで教育したあと、その子供をアメリカの大学に送る。根底には母国に対する不安感があると同時に、世界変化を読み取り、グローバル人間を家族計画として育てている。日・米の外国語も二つ教え、中国を含めトリプル・カルチャーで中国系のある家族は子供を育てている。それが中国のエリート社会の子供への国際教育の傾向である。

アメリカの大学には、インド、サウジアラビア、中国、韓国、インドネシア、ベトナム、タイ、フィリッピンなどアジア系の留学生がたくさんいる。一部のアジア系人種は、理工系に優れ、アメリカの工科系大学を卒業し、アメリカの会社と産業を支えてきた。アジア系技術者が本国へ戻ると、アメリカの産業と企業は潰れるのではないかとの心配が、アメリカの工科系大学の学長さんらに一時期あった。

今はその恐れがなくなった。エンジニアたちは国を超えて活動しているからだ。彼らには国境はない。アメリカで勉強して、卒業後は母国で仕事をし、またアメリカに戻って来るということを平気でやってのける。というのも、アメリカと母国との間に、超国家的に技術者が移動できる新しい技術者コミュニテイが形成されてきたからだ。

ところが、日本の会社文化にはアメリカとニッポンとの間を、超境界的に移動する「トランス・ナショナル・テクノロジー・トランスファー社会」（ＴＴＴＣ）の輪が、個人レベルで構築されていないのが現状である。

ＢＲＩＣｓ（ブラジル、ロシア、インド、中国）も含めて、ＢＲＩＣｓに近似するその他のアジア系企業の最近の成功を支えている基盤は、ＴＴＴＣ感性の個人のグローバル化を起点として、グローバル化への国家戦略と企業戦略の両戦略がうまく噛み合っていることだ。

わたしのここでいうグローバル化とは、国の境目を無意識にする個人の自己革新であり、組織が進化する創造的破壊の過程である。グローバル化は、まず個人発のグローバル化が家族のグローバル化理解の後押しではじまる。国家と企業のグローバル化は、個人の冒険する勇気とその家族の許しの構造を背景とするグローバル教育が先頭を切り走り始めたおかげである。

ビジネスのグローバル時代への見直しは、「経済の基本」に還ることである。国家や会社の経済の成り立ちが、家族の原単位経済から始まり、地域の経済的絆から、本格化するという単純な基本へ立ち返るべきである。「個人のグローバル化」が、組織のグローバル化の原石だという真実を忘却してはならない。

ＢＲＩＣｓに限らず、日本を除くアジア系企業の最近の隆盛基盤には、これら留学生の個人を受け入れ、「個人のグローバル能力」を高めるアメリカの大学教育の機会が豊富に準備されている。日本へのグローバル教育の遅れを憂い、同時に日夜変化し続けるアメリカの大学のグローバル化を、わたくしは油断なく見つめ、日本の未来に向けて教えかつ学ぶ、「わがシアトル人生」を今大切にしている。

12　アメリカに定着する韓国人

アメリカには韓国社会が定着している。米国政府が認める韓国系移民枠は、ベトナム戦争で協力したことからも、他国とくらべて圧倒的に多い。勇猛なタイガー部隊としての名をなした韓国人兵士がアメリカとの運命共同体でベトナム戦争で多数死んだ歴史は見逃せない。

アメリカが掲げる自由のために死んだ韓国に対して、アメリカはそれに応えて多くの移民を韓国から受け入れてきた。そして、ロサンゼルスでも、サンフランシスコでも、旧日本人街が韓国人の街に衣替えしてきている。一般的にいえば、韓国人は日本人が好きで、日本人が定着したところや、あるいは日本人の生活リズムや仕事や遊びのあるところへと社会移動する傾向がある。その方がより効果的な社会流動のメリットがある。

そのおかげで、わたくしはシアトルの韓国文化を楽しんできた。大好きなキムチと焼肉は、旨くかつ安価で身近な街の韓国レストランにある。風呂好きのわたくしは、バスで韓国人街にある「パレス・ス

シアトル大学の韓国人学生会が，ＢＢＱパーティに毎年私を招待してくれる家族的なコミュニティである。リーダーも思いやりのある人物だ

パ」へ出かけ、温泉気分に浸り、健康を保つ。

アメリカ人は、韓国人と日本人との区別ができない。日本人が白人の見分けができないのと同じだ。アジア人は、すべて、一つの人種として、アメリカでは一般的に見がちである。日本と韓国の評価が異なる場合に、韓国系は日本系を装ってビジネスしたほうが有利な場合がある。シアトルでは、日本名の「てりやき屋」は，間違いなく韓国系のお店で、意外においしく、私もよく利用している。

韓国人は騎馬民族で、移動性に優れていて、ダイナミックで大胆かつ勇気がある。ヒュンダイ社やサムスン社も、アメリカ・モデルに加えて、日本モデルを積極的に導入して成功してきた。

サムソン社は、トヨタのリコール問題を最近徹底的に学び、その二の舞になりたくないと，創立者家族を中心に警戒を強めている。アメリカからの規模の利益への批判を避けるため、世界的スケールで大胆な広告を展開しているのも、「会社ブランド強化」と、政治や世論からの支持を形にする「持続への会社防衛」との抱き合わせ戦略として、私なりの解釈をしている。

アメリカの社会階層は、高所得階層と、中間所得階層、そして低所得階層とに大きく分かれている。シアトルの日系人をふくめて、アジア系住民は、平均的に言って高所得階層に昇格している。シアトルでは戦前に洗濯屋をしていた日本人の子孫が、大きなマンションを建設しその所有者となる。だが、後発の戦後移民してきた韓国人は、今は洗濯屋をしているが、だがやがて日本人が建設したこのマンションを、買収する日が来るかもしれない。

語学能力は韓国人、中国人の方が日本人よりもはるかに優れている。日本の教育ママは子供を東大へ入れるために、日本の塾に子供を通わせるが、韓国の母親は、ハーバード大学にわが子を入れるために、母親が子供と一緒にアメリカに移住し、ハーバード大学へ入学できるアメリカのハイスクールに子供を入学させる。韓国の母親の意気込みが違う。国際競争への日韓家族力の差を感じさせるものがある。日韓の国際教育と語学教育の未来効果には、その違いがより明確に表れることは、如何ともしかたのないことだ。

上海の復旦大学では、大分以前から専門講義を中国語と英語とに分けて、お年寄りの教授が中国語で、アメリカ留学の若手講師が同じ専門科目を英語で教えていた。また、韓国の大学では講座の三分の二が英語だ。国を挙げて英語での専門科目教育を実践している、大学がグローバル化戦略を大学の生き残りの唯一の手段と考えた場合には、大学での教育はグローバル言語としての英語を中心にせざるをえない。今や英語での大学教育は世界の常識である。

二〇一一年の五月、韓国のデジョンにある「ソドブリッジ・ビジネス・スクール」での国際学会に参加し、そこでグローバル大学教育の徹底的なアメリカ化を知った。使用言語は総て英語、教員全体の八割がアメリカの大学からの学位取得者で英語講義の経験者、学生全体の八割も留学生でその内容は中国、蒙古、カザフ、アゼルバイジャン、ウクライナ、エスキモー、そしてベトナム、タイ、マレーシアと、中央アジアと東ヨーロッパ、東南アジア、中国大陸を抱え込む。韓国の「半島的地の利」と、「英語能力の利」と、「近代化モデルの利」とこの三つの利が、大学の存立を成り立たせている。主流の留学生の活力が強い印象を私に与えたが、それよりも、留学生に混じって韓国人学生が英語はもちろんのこと、母国の伝統芸能を本格的に修行しその成果を紹介する学習態度に共感するものがあった。

この大学の看板学長は、アメリカ人で元ジョージア工科大学の学長で、ヘッドハンターによってスカウトされて就任した。学長夫人は気軽に話せる日本女性だった。その大学経営の背景には文房具メーカーを所有するスマートなグローバル社長がいた。

それはそれとして、韓国系知識人は科学をハングル語で学ぶよりも日本語を通したほうが学びやすいという。日本語は国際言語ではないが、「もう一つの隠れた科学言語である」。英語も科学言語であり、日本語も科学言語だとすると、英語と日本語の両方できるものが、より科学を豊富に自分のものにできるはずだ。科学と言語の媒体を基礎とするグローバル・リーダーシップは、韓国系知識人の方にますます利がある。

厄介なことに、グローバル化とは、英語、キリスト教、資本主義、アメリカと色塗りされている。その色塗りを変える努力は、外側からだけではなく、内側からのアジア系市民の内発的努力も必要である。ということは、「英語・キリスト教・資本主義・アメリカ」の内側に自らを組み込み、グローバル化の内側から、グローバル化そのものを変革することである。アメリカに定着する韓国系のエネルギーに、そうした未来へのグローバル変革能力の可能性を何となく感じている。アメリカは、そうした内側からの変革能力を寛大に受け入れる、自由信仰のお国柄であり、その現実を身近に感じている。

13　中国への脅威

アメリカ人は中国の台頭へ脅威を感じている。各国にパワー・エリートが存在するように、中国では中国共産党そのものが、金持ちエスタブリッシュメントになり、巨大な力を持っている。中国のエリート社会（共産党本部）の権力の根源は、第一に制度的体制化への人事権、次に有事に対抗できる軍事権、そして錦の御旗となる経済統制力と財政統制権で、さらにつけくわえれば、世論を統一誘導できるプロパギャンダのパワー（広報権力）に、その全体主義的な国際能力の根っこを張り巡らしている。

米中間で、グローバル・リーダーシップをめぐっての忍び寄る国際競争が、深刻化している背景には、米国国債への中国政府の巨額な参加、中国の人権問題への米国からの問題提起、アメリカ側の国際収支と国家財政の双子の赤字問題、為替レートの不均衡批判、そして中国通貨の国際通貨への格上げ主張などがある。

ベルリンの壁の崩壊とソ連の衰退をまのあたりに見てきた中国共産党は、「西洋には絶対ならない」という固い決意をした。それが中国の現在の強さである。アメリカ型の個人中心の資本主義ではなく、中国政府は、国家中心の制度的資本主義、すなわち、「官本位資本主義」の確立を目指した。そして、中国政府の国家の指導力が、屈辱の我慢からの国威啓蒙をめざし、比較優位かつ深慮遠望の市場型競争力をその国家体制の中に組み込むことに成功した。

さらに、昔から中国には「中国が世界で一番だ」というプライドがある。その不変的性格は、象徴文字としての漢字の本質に象徴されている。ご存知のように、漢字の文字は数千年にわたりその文字の意味を今に伝えてきた。象徴文字の中の思想は生き続ける。変わらない思想の構造主義が中国人の漢字文化に持続する。

もちろん、漢字の書き方に簡略化への変化がみられた。しかし漢字に含まれた中国思考は、中国人の変わらない世界観をつくる根源である。いわゆる「中華思想」がそれであり、漢字文化の宿命からくる思想の構造主義である。

「中華思想」は、個人の強固な精神である。中国の歴史が、日本を含めて多くの他国への文化・文明に国際貢献してきたことは、貴重な事実として十分理解できる。それはそれとして、経済成長を梃子にして「中華思想」が時として過度に露出する危険性も感じる。最近の中国が引き起こす国際問題について思うに、自己本位の強権的態度には、もう少し謹んでもらいたいと思うことがある。本来の「中華思想」は調和と徳治の精神を基底にするものと、私は歴史理解してきた。

周知のように、世界に散らばっている中国人は多様な生き方をしてきている。中国文化は、中国本土だけではなく、北米系、東南アジア系、欧州系、南米系、そして最近ではアフリカ系など、それぞれの国家や都市で多様な集団化の強みを発揮している。言うならば、血縁と地縁の故郷共同体意識をグローバル化し、民族移動の巧者である。

一つの疑問だが、米中対立して追い詰められるような事態になると、一般的なアメリカ人同様にアメリカのなかの中国人は「中華思想」で結束するのだろうか。この疑問を、私の中国系学生に問いかけてみると、「中国本土ではなく、今に生きているアメリカを選択する」という返事がかえってきた。

アメリカ在住の中国系の意見には、アメリカ人と同様に「現実重視の合理主義思想」が一般的に強く表れる。個人自由主義の「合理思考」が、国家中心主義の「中華思想」と馴染みにくい傾向はごく自然のことかもしれない。

アメリカ経営学会の年次大会に参加していると、「中国経営のアフリカ進出」の研究成果の発表と出会うことがよくある。中国は母国の現代化への開発経験をパッケージ化して、たとえば、中国の工事現場の飯場とその労働者までも揃えてアフリカの現地に持ち出す。中国人労働者らは安宿に泊まり、貧しいアフリカの人たちと同じ生活をする。

中国の官民一体の海外展開のもう一つのパッケージ化の巧みな仕方は、中国からの「社会インフラ建設の輸出」とアフリカからの「自然資源の輸入確保」との交換効果を求めている。アフリカ諸国との国家的レベルでの戦略的同盟には、中国にとって成長にともない未来の資源不足を手当てする思惑があり、なおかつ次世代の先端技術や成長持続に不可欠な鉱物資源獲得の狙いがある。

アフリカ系学者の経営学会報告によると、アメリカなどの先進諸国からの批判を紹介しながらも、アフリカ諸国は中国を尊敬している内容だった。発展途上国の道路も鉄道も電力も中国の協力援助で良くなるのだから、現地住民の生活基盤は改善されてくる。そこに大衆の支持があり、大衆からの感謝がある。アフリカの環境変革への中国の国家戦略は、アフリカ諸国の独立国家としての主体性への不安をもたらしながらも、アフリカでの中国人ビジネス・モデルの定着を着実に広めている。

一方、私が心配しているのは米中間での戦争誘因の危機である。日本が太平洋戦争に突入した最大の要因は、ＡＢＣＤ包囲網（America, Britain, China, Dutch）で石油の輸入を止められたからである。日本は工業化に成功しても石油がなかったら生きていけなかった。「石油資源は生きるための米（こめ）資源と同じでそこで戦争するしかなかった」。このことを、第二次世界戦争の勃発のときの故・鈴木貞一閣下（その時代の経済企画庁長官／千葉県山武郡芝山町山中に戦後隠遁）から、以前直接に聞いたことがある。

それと同じで、中国が「資源ナショナリズム」を戦略的に駆使して、次世代電気自動車などに必要なリチウムなどの希少金属を全面的に抑えると、それが戦争誘発の危機をもたらす。中国は自国中心の「資源ナショナリズム」から、国際技術協力や、国際投資協力の連携プレイによる、相互共有の「資源グローバリズム」へと、舵取りをかえてもらいたいものである。

日本の総合商社が、中国政府のパートナー的存在で舵取り役となり、超境界的に援助連帯と資源共有の戦略展開をする。さらに期待することだが、「官・民・学の一体化した」日本のグローバル企業の活躍に、「資源相互共有型」のグローバリズムの〝方向性〟を今後とも模索してもらいたい。

14　未来は、アメリカか、中国か

アメリカの国債を中国政府系に大量買ってもらっているので、アメリカはご存知のように、中国に対して人権問題も、環境汚染問題も、米ドルと中国元の為替レートの切り上げの問題についても、あまり厳しいことは言えない。米中間の貿易収支は、中国側に大量のドル保有国家へと躍進させた。中国に対してアメリカ議会はかなり厳しい発言をし、報復関税などでの法的制裁の意見も強い。

アメリカの中国批判は、中国の軍事力強化への恐れからでもある。中国の経済力の向上が、すなわち、そのまま中国の軍事力の向上につながることへの危機感がアメリカにある。

もう一つの重要な問題は、前述した中国発の「資源ナショナリズム」である。開発途上のアフリカ大陸も含めて、中国は中国の世界未来にかかわる、自然資源や、生産資源、食料資源、そして技術資源や、情報産業資源を、国家ぐるみ、政治ぐるみで獲得している。特に未来に必要なエネルギー資源や稀少な鉱物資源を独占しようとする、中国の目にあまる「資源ナショナリズム」の表出は、これまでの米中間の友好関係に影がさし、中国不信感がアメリカ国内の報道を通じて一般に感じられるようになった。

資源独占をめざす中国の「資源ナショナリズム」に対抗して、アメリカも中国への世界戦略を再構築することになる。その表れがアメリカ国内で封印してきた石油資源の開発である。また、アジア諸国との戦略的同盟や連帯感を介しての中国包囲網の外交戦略と軍事戦略の見直しである。

いずれにしても、国際的な相互連帯でしか解決できない、国家間の「資源ナショナリズム」の相克が緊迫してくると、やがて戦争の危機を孕む。イラン戦争や、アフガン戦争にも、石油資源確保への隠れた国家戦略的視点はなんとなく感じ取れる。そのために、日本も国家の総合力や他国との連帯の方法を工夫して、それぞれの持てる力の互恵関係を構築して、国家間で相互に共感できる官民一体の資源確保が急務だとおもう。

米中関係で、もう一つの分析視点はハンチントン教授の言う「文明の衝突」である。中国は「一つに統合できる国」で、アメリカは「多様に分かれる国」である。一つに統合できる国は強いので、中国の国家統一力にアメリカは脅威を感じている。基本に還って言えば、全体主義の中国と民主主義のアメリカは、国家統一のイデオロギーが違う。そのことが米中対立の要因となる。だがその対立を回避する外交では中国の方がアメリカより上だ。

『孫子の兵法』に従って、米中関係を論じれば、中国はアメリカに住むより多い中国系人口網を通じてアメリカを知る機会がある。相手を十分研究理解して、勝てない戦争は仕掛けない。そして勝てる方法を探る。アメリカも、もちろん、中国を幅広く研究理解しているだろう。「孫子の兵法」に従えば、「指導者の器量が組織を動機づけ」・「知的情報による意志決定」が勝敗の決め手となる。米中間に見る「孫子の兵法」は、米中それぞれの仕組みの正当性と効率性を、相互にどう評価しているかが、問題認識を解く鍵となる。

「文明の衝突」で捉えた日本は〝小さな文明国家〟でいいから、確実に残るようにすべきだと思う。「小さなことは偉大である」・「一本の木の中に世界の森がある」。中国とアメリカが巨大になればなるほど、「小さなことは偉大である」「一本の木の中に世界の森がある」という感性の日本文明の必要性が増す。

歌舞伎でも、長唄や三味線でも、あるいは路地裏の工芸や伝統の職人芸でもいいものは、世界に通じる日本発の文化を含む文明である。それぞれ個人が、自己犠牲を覚悟の上で、日本の伝統文化と伝統工芸とを国家機能を補完する方向で、大切に持ちつづければ、日本のそうした特殊文明は生き残れる。

日本文明の持続の好例が、ルノーに買収された日産である。日産社内の日本人技術者集団は会社を所有するフランス政府（ルノー本社の国家戦略）に関係なく、また、見放された日本国家とも一線をかくし、社内に〝独自の技術王国〟「日産ニッポン」をつくっている。

シルク・ロードの国を回って見ると、仏教文明がイスラム文明に呑み込まれている。異文化間の結婚を通して仏教文明は崩壊した。同じ発想でものごとを極論的に考えると、日本人女性の国際結婚にはもう歯止めがかからない。日本文明は忍び寄る崩壊か、それとも異文化吸収による日本文明の世界化の序曲なのだろうか。

日本は海に囲まれて閉ざされた安全という日本神話はもう消えた。交通と運輸の技術革新と情報科学文明の時代には、大海原で護られた日本神話は通用しない。グローバルに社会と人口と情報の流動化が過激化する時代を想定すれば、何かの変事で大量の外国人の民族移動とその国内浸透の破壊力があるかもしれない。海はもう砂漠の陸路と同じ発想で位置づけるべきだ。その仮説が事実になったときは、「日本文明は崩壊するか」、あるいは、「日本文明は世界化するか」、その明暗を歴史に残すだろう。

以上の大袈裟な仮説を立てる理由は、「文明崩壊へのリスク・マネジメントを考えなさい」という、シアトルから日本国家への警鐘の意味からである。成長する外国は、その成長の勢いに乗り、昔の国盗り物語の遺伝子を甦えらせる。消しても消えない過去の因縁話の歴史がある。

「日本の技術がほしい」からはじまり、「日本の会社がほしい」という段階に移り、そのうち「日本の土地がほしい」と切り出し、そして最後に「日本の国家そのものがほしい」、と言いだす時代変化も想定できる。いうならば、「日本の文明」は、最後の世界商品となり、日本文明の崩壊か変質する。その最悪仮説の中で、日本文明の成熟と持続を考えたい。

米中間の巨大な文明のハザマで、日本文明の持続への危機管理は、教科書的にいえば、「選択と集中の論理」で「アメリカ文明に生きるか」、「中国文明に生きるか」、あるいは、「自律した日本文明に生きるか」への問題認識である。

『選択と集中』の戦略的経営の教科書的な知識をとりあえず棚におき、「文明の本質は何か」の問題認識へ思考を回帰させ、「アメリカ文明」、「中国文明」、そして「日本文明」の実在を、今の私の「シアトル人生」の現場実感と知的情報からこの機会に整理してみよう。

(1)「文明は科学技術の進歩とその伝播と進化の影響力である」

科学技術文明では日本はアメリカに近づくが、韓国や中国よりまだ進んでいる。だが、問題は学術レベルの進化である。中国の最近の学術と比べて、日本の学術のある分野、例えば、経済学や経営学では、完全に追い抜かれている。中国は世界中に学生、学者を送り出して、そこにあるベストのものを持ち帰るように指示しているので、これにはかなわない。世界の学界においても中国人のレベルが向上して、彼らは堂々と中国の現代の学問を世界に向けて発言している。

中国の知的リーダーたちは、アメリカ文明に対抗するため、世界中からベストのものを貪欲に吸収し、これまでの中国の学術を見直している。中国本土の中山大学の若い女性経営学者は、孔子や老子の古典を復興して、その理論を経営の新しい平和理論に組み替えていた。アメリカの資本主義に対する「国家資本主義」などを唱えるものも出てきた。こうした中国の国内思想の変革やその内省した変革のグローバル化が、中国文明の民主化をすすめ、中国の政治体制を内側から変えるシナリオとなり、米中間の文明の衝突を回避してくれるかもしれない。

日本の技術を守ることは、日本の文化を守ることと、同じ意味である。どうしてでも大切な日本の文化と技術は守らないといけない。技術の分野では、正統派の技術系会社が生き残れないという事態が生まれている。新しい技術と新しい市場とが、休むことなく、油断も隙もなく輩出することがその原因である。だが、文化の分野では、逆に、文科系正統派のものごとでないと生き残れない。技術は変わるシステムだが、文化は変わらない構造として理解する。変わる日本のシステムは、変わらない日本の構造から生まれる。そうした視点にたって、それぞれに、日本の技術開発の持続と、日本の文化保存の対策と行動とが、これからも、引き続き米・中両国から尊敬される日本の持続のためにも必要である。

市川市からのちりめん細工師匠
歓迎会場でロン・細木氏を囲む

(2)「文明は、宗教と思想から切り離せない」

アメリカ人と話していると、宗教の顔が問われる。自分の中に絶対的なものがあって、その絶対的かつ崇高なる権威者と心の中で対話している。そうした顔が彼らの宗教である。日本人は、神を自分でつくり、いろいろな神々とつながっている。だから、宗教の違いはあまり気にならないが、アメリカ人は宗教の違いを外側の見える顔で確認したいという願いがいつもある。

日本人は宗教を多元的な信念のように思っている。宗教の顔を表に出すべきものではなく、宗教の顔を確認する必要がない、という隠す宗教的知性の持ち主である。私たちは見えない文化で宗教観を確立しているが、アメリカ文明は見える文化の宗教観で生きている。その違いを日本人は理解するが、アメリカ人は理解できない。また、中国人にとって、宗教は隔離された世界で許され、社会主義イデオロギーが、ある種の一元的宗教性の意味をもち、その制度的権威と役割を担う。

中国とアメリカとを較べると、本来の思想と体制はまったくそれぞれ違う。中国は本質的には変わらない中央集権文化の国である。個人の自由を規制する国家の権力が中国では必要である。したがって、時には、個人の人権が為政者の全体的な目標管理の方向で下位におかれる。

一方、アメリカは本質的には、変わり続ける民主主義の国だ。個人の自由を持続させる、コミュニケーション重視のお国柄である。もちろん、個人の自由の暴走は生活化しているが、その自由を全体管理する政治や社会の制度や文化の定着もある。

米中間で世界覇権（グローバルなリーダーシップ）の争いをすると、どうなるだろうか。過去の歴史が、〝一神教的な〟思想の対立を含む戦争のシナリオを想定させる。アメリカも中国も、〝多神教的な〟顔の裏側には、本音の〝一神教的な〟信条の民主主義と社会主義の対立がある。その対立が戦争の要因にならない方向での相互互恵の関係を構築する、〝多神教的な〟思想の日本の役割期待や、日本の会社の能力、日本人個人の努力があるはずだ。

そうした役割期待が最近の日本の底力の発揮として、シアトルでもお目にかかるようになった。例えば、シアトル大学で開催した、国際経営文化学会が創設した「小さなことは偉大であ

高野山本山霊宝院の国宝写真展
今中和尚 SU の学生に解説と熱弁

る」テーマの「シアトル・グローバル会議」の成功である。日中米の異文化を超えた、超国境的な参加と協力の日本文明モデルを、そこで研究実践した（巻末資料を参考にされたし）。

(3)「対話能力のあるコミュニケーション（交流）文明は持続する

アメリカのコミュニケーションは、「自由の底力」で、問題があってもコミュニケーションの対話能力を持続させ、最終的には、柔軟に問題解決できる力がアメリカの底力である。そうした意味でのグローバルな人間力でみると、中国やロシアには、そうした意味でのアメリカ型の自由なコミュニケーションの日常性文化や、大衆文化がないので、世界を巻き込むのにどこかで壁がでてくるのではないだろうか。

自由な対話が成り立ちにくい国家は、怖い面もある。対話のあるアメリカと、対話のない中国との絆を結ぶ、第三の能力は、地域連帯である。アメリカとの地域連帯と、中国との地域連帯との両次元的な方向性の同盟関係もあると思うが、それよりも、その他の周辺諸国を巻き込んで、〝米中を取込む〟「日本の底力や人間力」を、わたくしは、日本文明に期待したい。

いままでとは違う日米間の絆や日中間の絆をもてる、統合のコミュニケーションの達人で、グローバルな人間的魅力のある人材を、探し出し、大胆にその日本人に機会をあたえることである。シアトルで観たＮＨＫの大河ドラマ「竜馬伝」は、日本のお茶の間国民にその種のグローバル指導者や先覚者のイメージを、日本の危機管理としてさりげなく訴えていた。

(4)「文明には、自然観と世界観が問われる」

シアトルにも日本庭園がある。日本庭園の設計では、庭石は三分の一が上に出ていて、三分の二は土の中にある。ところが、西洋庭園では石は全部見えないといけない。これが東西の庭園にみる違う自然観と世界観である。

日本の仏像は光背を背負っているが、その光背は自然を意味し、個人は自然に埋没するように光背の中に溶解している。西洋の彫刻には光背がない。全身をすべての角度からみられるように、個の主体性や、独立性をさらしている。自然と共生する日本の人間観と、自立する個人主義の西洋との違いが、そこに反映されている。

考えさせられることは、アメリカはギリシャの彫像イメージで理解できるが、中国は、同じアジアでも、必ずしも仏像イメージではなく、アメリカと同様に、欧米の個人主義や、全方位からみて、自立するギリシャ彫刻の個人主体性の強調を感じさせる。その意味で、アメリカも中国も、同種的価値観で、同じことを考え、同じことをする文明国家だと判断する。

そうした場合の、対立は見える物事での対立である。その対立に日本は巻込まれざるをえないだろう。そうした場合の日本の生きる文明の能力は、日本のお家芸の発揮である。そのお家芸とは、「見える世界から見えない世界を見出し」、さらに、「見えない世界から見える世界をつくりだす」。日本文明に潜む価値観は、たとえば、「察すること」「1即多／多即1」「自然リズム」である。その価値観を土台にした戦略構築と戦略的行動の型は、たとえば、「死が生に通じる」「柔よく剛を制する」「共に生きる」を表現する会社組織であり、製品・サービスの市場性である「見える文化」と「見えない文化」とが出会うと、戸惑いながら、次第に融合していく。国際結婚にしても、合弁会社にしても、そして、国家間の対立も、その「見える文化」と「見えない文化」の組み合わせ構造は同じようにある。そこでは、出会い、愕然と驚き、祝いごとをつくり、出会いを見直し、また出会うことへの、日本の国際活動の〝繰り返す〟リズムが重要になる。

(5)「文明の変化は、人間の中に残された野性、すなわち、動物的精気が誘因」

アメリカでは、中国企業の海外進出が活躍し始めている。この問題は、日本の企業にとって、あるいは、世界の人にとって、中国の発展に連れて「未来は中国か」、「未来もアメリカか」の、予測の問題を提起している。

日米の会社文化を見ると、常にパラドックスがあるので、個人が柔軟に受け止めるしかない。その場、その場で状況的な判断ができればいいので、場のリズムが重要になる。そのリズムは心と体が一体なのと同じである。アメリカの会社の日本人の経営者は、たいていそういうリズムの戦略的直感で仕事を考え、職務をこなしている。

そういう日本人にとって、一番重要なグローバル能力は、動物的精気であり、人間の持って生まれた生存や、持続への感性である。アメリカを取るか、中国を取るかの問題も、中途半端な知識できめるのではなく、人間の中に残された野性や、動物的精気で決めればよい。

ここでいう動物的精気とは、そして、人間の中に残された野性とは、「一本の木の中に、世界の森がある」、「世界の森は、一本の木の中にある」という信念と同じ意味である。自分が自然である、自分が世界であり、自分が宇宙だという日本人の感性は、「見えない世界」と「見える世界」とをつなぐ「絆の指導者」である。その感性が希薄化すると、見える世界で混沌としたグローバル時代において、米中対立した場合の選択機能や、調整役や、そして創造者としての日本は、その存在価値を永遠に喪失するにちがいない。

結論を言うと、偏った知識や、世界を知っているとする錯覚で「アメリカ文明」と「中国文明」と接するよりも、「動物的精気」や「人間の中に残された野性」を基軸にして、「絡み合った複雑性を理解し」、「チームワークで問題解決に臨み」、「成長する感動を共有すること」が、日本文明の本質である。新しい形の米中の地域連帯を調整できる日本文明は、日本人個人それぞれのグローバル思考の大衆化にかかわりがある。その思考の醸成過程が、ローマ時代のメトロ・ポリタン市民思想（外部能力を受け入れる、開かれた機会のある民主主義）にちかづくとき、日本文明は〝和〟の原点志向の民主主義の持続を世界に誇れるようになる。

シアトル人生の現場実感と知的情報から得た最後の結論は、人間が人間の起源に還り、身体的一元化の世界観に忠実になり、地球規範の社会的正義を自己確信し、そこで自己と組織をマネジメントすることである。

第4章　プロ・マインド経営

15　プロ意識と学問の自由――シアトル大学の顔・シアトル都市の空気

マリナーズの鈴木イチロー選手が、今シリーズを締めくくる最後の試合で、二二五本目の安打を打った。二〇〇九年の一〇月三日にシアトルのセーフコ球場でテキサス・レンジャース戦を、ネット裏で観戦したときのことだが。そのヒットは、ツウー・ストライクの空振りのあとのもので、逆らわず、自然体の美しさでセンター前に運んだ。

記者会見で、イチロー選手は「力を〝出し切らないこと〟の難しさ」と「力を〝出し切ること〟の難しさ」のパラドクシカル論理の妙をさりげなく語り、「まずは数日、身体を休めさせてやりたい」とも、自分の中の〝もう一人の自分〟に言い聞かせるかのように無表情で語り終えた。プロとはそういうものだ。

今の私は七七歳でプロのムラヤマ教授だが、プロのイチロー選手と同じように、米国シアトル市を

シアトル大学 Albers スクール
経営学研究科会議風景

マリナースの鈴木イチロー選手
打順待ちで，柔軟体操風景

拠点にして、グローバルなプロ人生を異なる分野で共有している。いうならば、「イチローは野球」「ムラヤマは学問」と、共感できるプロフェッショナル人生を本格的に実践している。

もちろん両者を較べることは恥知らずの話だが、イチロー選手は私にとって日本人からグローバルに情報発信してくれる世界的プロの象徴的イメージであり、私がシアトル大学でアメリカのプロフェッショナル（大学教授）として生きるための教科書的存在である。

三〇年間奉職した千葉大学を六五歳で停年を迎え、その後七四歳まで名古屋の中京大学で七年間お世話になり、さらにその後海を渡り北米大陸に上陸した。というのも、アメリカ西海岸のシアトル大学からお声がかかり、この大学最初の「特別招聘教授」（Visiting Distinguished Professor）として招かれたからである。そして、七四歳から七七歳までのこの三年間アメリカの大学での研究・教育人生にこれまで励んできた。

「なぜ私は今シアトルにいるのだろうか」。アメリカの大学教授会の席に座りふとそんな疑問に眩暈することもあった。日本から招聘された事情は、国際学会での長年の研究報告の積み上げと、五〇年前のアメリカ東海岸での教育経験だと思うが、決め手となったのは米日韓関係で、私の人柄と学問を長期にわたり好ましく評価してくれていたシアトル大学のベン・キム教授である。そのおかげで、研究教育をわかちあえる現代の大学グローバル化の現実に感謝したい。

この三年間、シアトル大学のビジネス・スクールの学部と大学院ＭＢＡコース（Albers School of Business and Economics）で、「国際経営学」「企業文化戦略論」「経営管理論」を教えてきた。初心に帰り、この大学で教えはじめたところのわが心境を振り返りながら、読者に伝えたい何かをこの機会に整理してみることにしよう。

「アメリカの大学には停年がない、本当だろうか」。そういえば、世界的宗教学者（禅）の鈴木大拙先生は、八〇歳から九〇歳までアメリカの大学で教えていた。私もコロンビア大学で同教授の講義を聴講させてもらったことがあるが、先生は若い学生や女性の助手に囲まれてすこぶる元気だった。

もちろん、教員停年制について賛否両論はアメリカの大学でもないわけではない。だが、「生涯雇用」（テニュアー）の老齢が環境変革への適応能力の低下に結びつき、教育・研究効果の障害になるという意見をアメリカではあまり聞かない。

それよりも、古典的大学教授と若手執行部教授との間の、学内政治力の関係で首切り的停年が状況的に存在する。付け加えて言えば、老教授は数少ない科目担当で高額を食むので、冷酷な学部長の才覚により、不況時のバジェット・カット（予算削減）の標的にされる。アメリカの大学の学部長は経理と人事の絶対的な責任と権限を委任されているので、ニコニコして首を切る怖い存在である。

栄光のノーベル賞教授でさえも、研究成果や教育効率が老後下がればお払い箱になる。その危険信号が見えるので、生涯雇用を保障された教授といえども自分で身を処すか、あるいは死ぬまで油断無く手抜きせず、教授プロ生活三昧の覚悟ということになる。

さて、アメリカの大学に停年制なき理由の最大の論点は、〝組織としての〟大学の本質と〝個人としての〟学問の本質とが、複合構造の宿命のもとに「自主の精神」と「自由の人権」を護持しているか、どうかについての問題認識である。自由とは人間誰にでも与えられた基本的人権で、憲法にそのことは明記されている。

だが、大学組織の自主と自由の制度化は、学者個人の自主と自由の人格化とは、噛み合わない場合もある。その現実的矛盾を背負って学者は「学問の本質」と「個人の人権」の〝錦の御旗〟を掲げる。その主張は次のごとし。

学問の本質である「自主の精神」と「自由・人権」の論理の下に、別に定められた契約条件以外には、〝大学人・即・学問の自由〟の上に停年制を大学が制度化することは好ましくない。

しかし、アメリカは日本と同じ「建前と本音」の振幅をより巨大化して楽観的かつ肯定的にことを進めるお国柄である。「学問の自由」や「個人の人権」が建前として〝錦の御旗〟にすぎないとわかれば、本音としての停年宣告（途中解雇）は教員の自然年齢や勤務年齢に関係なく、〝学部長の政治的意

学長（左）と学部長（右）の歓談
Pigott 学部ビルの吹き抜け広場で

わが SU 教え子と卒業式風景
2011 年 6 月シアトル Key アリーナで

図を含めた〟「定期的な能力評価」によって決まる。ここに、「教員評価の監査文化王国」をつくる学部長の腕前を拝見できる。

言うならば、「基本的人権」と「能力主義」を〝諸刃の刃〟とする厳しさがアメリカの大学プロの実態である。さてその能力評価の監査文化だが、評価の言葉が評価の言葉どおりの内容をもつもので、日本では考えられない能力評価の長短の特性をあわせもつ代物（しろもの）だ。私もその渦中にあり、津波的ショックを日常感じている。

その評価は（1）学生からの評価（一点から五点まで、平均三点代で合格、二点代は警告）、（2）教授会での教員業績評価（配点―研究／教育／サービス）、（3）理事会／評議会からの学部全体評価（容赦ない、給料の上下と契約継続に連動）、（4）第三者機関からの競争大学問学部〝講座科目間〟比較評価（外部能力への競争優位の戦略持続）。

不思議な話だが、前述の〝諸刃の刃〟の監査文化が、「生涯雇用」と「途中解雇」の運命の分かれ道だが、教員たちはそれぞれの人生観と能力観で道を選ぶので深刻な話に発展しない。教授会でも教員の能力評価について定量化（例えば、グーグル・プロフェッサー／業績引き合いの総合点）とは別に、もう一つの定量化（例えば、論文のベスト・

ヒット／審査ある最高の専門学会誌への掲載成功）が胸襟を開いてしっかり話しあわれる。その様子が「残酷で崇高な愛」を求める歌舞伎を見るようで面白く〝観ごたえ〟がある。

数多い学部イベント参加や廊下での積極的な対話、開かれたドアの研究室、そして声をかけ合い仲間同士で〝繰り出す〟昼食会などを通じて、教員間の日常性の交流のよさが、そのまま教授会での対話の円滑さにつながり、問題解決が民主的かつ全員参加的となる。こうした会議文化がより普遍化して広域的な知識創造の組織活動となり、アメリカ変革の原動力となる。

「停年は誰が決めるのか」。この問いの繰り返しに議論はつきないが、行政や社会に対して大学の独自性としての自由と、学問する個人の自由とをあわせ考えて、大学は能力ある学者に日本的な停年制を押しつけることは、アメリカの大学そのものを大学でなくする。

私の尊敬するウォートン・ビジネス・スクールの偉大なる古典派老教授フランク・ルート先生は、「専門分野で自分が第一人者でないこと」への自己の限界に気づいたとき停年を自らの意志で決めた。その一方で、給料と年金とが同額になる時期を、自己の停年の頃合と横着を決めているアメリカの一般的な大学人もいる。

シアトル大学に私と同じ年齢の老教授がいる。この大学人の生き方は通勤に2時間歩き健康を心がけている。ボランティア精神も旺盛で学生への奨学金募集や先生方からの社会的寄付行為への促進活動に老教授は先頭を走っている。卒業生や財界からも慕われる老教授は大学の顔である。シアトルの街角にある快適なコーヒー屋でこの老教授とふと出会わしたことがある。そこでの老教授は若々しい存在で、シアトルの街の憩いの空気そのものを感じさせる〝陽春のさわやかさ〟であった。

16　ＭＢＡの学生気質――「武士の一分」と「個人の普遍主義」

現代の学生気質の変化に日本の大学で戸惑った。同様に、今、米国シアトル大学でも学生気質の多様性に日常出会い、心のなかに〝感動と疑問〟が交差し、割り切れないものが残る。

今から五十数年前に、私も米国東海岸の大学で一学生だった。大学院に席を置いていたが、会計学の講義についていくには積み重ねの能力が不可欠なものと知り、学部に降りてその単位も数多くとっていた。そこで、社会経験のある大学院ＭＢＡ学生と、その未経験の学部学生との両者の学生気質の違いにそれとなく馴染んでいた。

それから半世紀後、学生の立場から教授の立場に身を移し、今、シアトル大学で二〇一〇年代のアメリカの学部学生と大学院ＭＢＡ学生を理解すべく努力している。そこには愕然と驚く現代のビジネス・スクールの〝多種多様な〟学生気質との出会いがある。

まずは、大学院の社会人ＭＢＡ学生（約九〇〇人在学）の学生気質を探してみよう。私の講義にはボーイング社やマイクロ・ソフト社などの社員がいる。二年間の月謝の約五〇〇万円は会社が負担。ただしその条件はＢ（八六点）以上の成績を会社に提出した時の支払いとなる。日本での企業派遣学生というよりも、ＭＢＡ大学選択の自由をもつ学生個人とシアトル大学との間での関係は、通学の立地優位の上に、『ビジネス・ウイーク誌』などの「パート・タイムＭＢＡスクールの〝格付け〟」の評価できまる（本学部のＭＢＡ学科の〝格付け順位〟は上記カテゴリの全米トップ二〇校に含まれる）。

そのためには、学部当局が教育内容の「カリキュラム編成の充実」と各種の評価に「生き残った教員配置」のサービス（職務）に全力投球することはもちろんだが、その一方でシアトル大学本部は「都市の魅力」を資源化して、学生とスタッフを魅了し、〝大学の誇り〟を形にする方向の「基盤整備」を整える。

シアトル大学の都心立地戦略は、都市を自然に還す哲学がある。その哲学が全米で一番美しい花木に包まれた都心キャンパスづくりをめざす。そして、すべてに電子化された教育環境施設さえも、学問環境の自然化思想を象徴する。

またそれに合わせ、絶対的権力者のわが学部長はＭＢＡ担当教員の「個別能力の格付け評価向上」を戦略的目標に掲げ、全学部スタッフを積極的に巻き込む。その最終目標は企業同様に組織生存への〝顧客満足〟につきる。そこには教育の曖昧さが許されない。私にとって顧客満足とは、シラバスを羅針盤とし、絵に描いた餅とならない緊張関係を毎回の授業で感じることだ。高い月謝を背景に批判精神旺盛な学生が、ＭＢＡ学生という名の私の顧客である。

ＭＢＡ担当教授の生き残る活路は学生それぞれの生き甲斐を演出し、能力進歩を実感できる研究・教育課題を提示し、如何に討論参加を活性化するかである。もちろんシアトル大学は少人数制の授業で、一クラスあたり二〇人から三〇人程度なので教育に偽りがなく、変わらないアメリカ風教育の社会的正

2008年度秋学期のわがMBA学生
同社長との盛んなQ&Aの後で

米国任天堂社長を授業に招く（右からベン・キム教授，同社長，吉原和孝助手，村山）

義を貫き形にする。

　教授とＭＢＡ学生との関係には、教授の権威を絶対視する学生気質は五〇年前のアメリカと変わらないが、それでも受講中にパソコンで他の仕事をする者もいる。学科長とも相談したが、「大人に子供のような注意はできない」、「会社の仕事を持ち込んだら、目をつぶるようにする」ということだった。

　その悪習は、教授会で話題になり、受講中に不正なＰＣ使用の学生を試験で減点することに決めた。その効果は覿面（てきめん）だった。それよりも、学生は怖い教授と優しい教授とをすばやく見分けてパソコンを操作しているともいえる。

　アジア系教授の私は優しい教授とみられているようだ。ただ、ＰＣ学生の能力を宿題と試験で評価すると、聴講態度のよい学生よりも点が当然悪い。だが、敵もさるもの、受講中のＰＣ悪用学生は誰よりも評点にこだわり、教授の私への〝ゴマすり〟上手か、講義批判をでっちあげ外交上手の顔を持ち込む。

会社の社内競争関係を受講態度とするＭＢＡ学生には注意を要する。勤務する会社で厳しい異文化競争関係で相手を蹴落とし、個人の生き残る勝利の手法を大学内の受講姿勢に持ち込む練達振りを、その学生の受講ぶりにふと感じたこともある。

日本批判（南京問題や歴史教科書問題など）の洗礼を受けたアジア系学生にたいしても理解できないときがある。講義を聴かないで、欠席も多く、ＰＣ悪用の常習者で、日本批判／講義批判の目的だけで講義登録する不心得者もいる。ありがたいことに、大学当局者はその種の動きを十分理解してくれている。

シラバス（授業計画）は、学生と教授との法的な契約関係である。したがって学生はシラバスに示された教育内容と配点基準にのっとって、戦略的に成績をとろうとする。もし、その成績が期待外れだとすると私のところに苦情を持ち込む。

成績への苦情の持ち込み方は、Ｅメールでくるか、または研究室に直接来る。学生は仲間同士で採点結果を知り合うので、その違いを問うてくる場合が多い。こちらも詳細な採点基準に沿って公正な配点結果を科学分析的に準備しておく。執拗に食い下がる学生や交渉上手な学生に妥協すれば学部全体の評価基準との調和を乱し、教授会での問題になるのでこちらも感情を抑え慎重に対応する。それでも、評価の悪かったＭＢＡ社会人学生は、卒業式でも私と眼を合わせないようにしていた。

面白いことに、点の格差はクラスでの個人の討議参加態度の評価でも明白となる。授業中によく質問し意見を述べ、またプレゼンテーションの上手な学生ほど、宿題と試験の書き方に手抜きがある。それはそれとして、言葉による個人の表現能力を重視し、よく訓練されてきた学生の表現芸術は素晴らしいものである。小・中・高の学校を通じてアメリカ型教育の成果を、私のクラスの中で確実に知る。すべての生徒個人は、学部学生もＭＢＡ学生も含めて卓越した表現能力を磨いてきている。その能力はまさに英語のグローバル能力である。

それでも、注意して聞いていると、その表現内容は浅く論旨が一貫せず、モザイクやパッチ・ワーク的に知識を散漫に述べる場合が多いので、核心的な議論に発展せず、横道に議論の本筋がそれる。そのことを価値観の違いと言えるだろうか。あるいは、苦し紛れの自己弁護なのだろうか。

もちろん、ＭＢＡ学生のそれぞれの学問基礎や職場経歴の違いを考えると、学生気質を一律的に断定できない。特に日本でもそうだが文系と理系とでは考え方と表現の違いが浮き上がる。例えば、私の担当講義の一つである「戦略的経営と企業文化」で、『武士の一分』（山田洋次監督）の映画を見せ、〝武士のロイヤリテイ〟（忠誠心）を、ＭＢＡ学生の個人的な職場関係に映し出して、現代のアメリカ的解釈をさせてみた。

ある文系の男子ＭＢＡ学生は「わが社には〝顧客ロイヤリテイ〟の概念のみしかない」と言い切る。顧客への忠誠心を確立する経営は、市場競争の極致かもしれない。ほとんどの学生は、「会社への忠誠心はないが、指導力があり、人間的魅力があり、尊敬できるボス（上司）への忠誠心はある」という応答をしてきた。株主重視の会社全体主義への隠し持つ批判と抵抗の心理を顕かにし、それとは別次元の、素顔の人間連帯の個人中心主義がアメリカの能力主義経営の基層に広がる。

世界的に著名なグローバル企業に勤めるある理系女子学生は、「幸福を求めて、適職を外に求めているので、自分への忠誠心がまずは第一」という。また、「ＭＢＡ教育で力をつけ転職の幸福探しは、自分に合った〝着心地の良い衣服〟を探す心情と同じだ」、とも彼女は言う。私どもは、ＭＢＡ教育に社会的正義の生き方を盛り込んでいるのだが・・・。その社会的正義は、彼女の「個人の普遍主義」と重なるものだろうか。『武士の一分』が、ここに「感動と疑問」の忠誠心を問い直す。

彼女の言葉には、現代のＭＢＡスクールに学ぶ学生気質を象徴する重さがあり、彼女の心の中にある忠誠心とは、彼女の信じる自由と人権からくる「個人の普遍主義」思想である。日本のＭＢＡ学生気質にも国境を超えて共有できる「個人の普遍主義」があるだろうか。

日本のグローバル潮流に〝忠誠心の謎〟が潜む。日本人の私には「武士の一分」は感動であり、疑問ではない。だが、私のＭＢＡ女子学生にとって、「武士の一分」は感動よりも疑問だらけだったが、その落とし所が、「個人の普遍主義」か「武士の一分」かの両精神世界の探究だった。

かくして、私の〝感動と疑問〟の葛藤するＭＢＡ教育論も、「武士の一分」か「個人の普遍主義」の正当性や否やの議論に発展してきた。そして「会社中心主義」や「土着的感性の企業文化」からの脱却も強いられてきた。ここに日米間の教育理念の溝がより深まる。

同時に、世界に通用する日本発のＭＢＡ教育論の格上げの方向も他人ごとではなくなってきて、〝わがこと〟として今問われている。日本にも彼女が示唆した「個人の普遍主義」がすでに上陸し、グローバル化しているのだろうかと。また、世界に向けてわたくしの中の「武士の一分」がもう一つの隠れた真実のグローバリズムとして、本当に理解されえないものなのだろうかと・・・。

彼女とちがって、わたくしの「個人の普遍主義」とは、慣習と規則の限界に直面して、超越的な問題解決への直感的戦略の思想で、個人の正義が組織と制度の不正を正す。そこには確固たる死生観がある。それが私の中の「武士の一分」である。

逆の視点に立って組織から個人を発想すれば、彼女の「自己本位の能力主義」がまかり通る「アメリカ組織の全体的な構造主義とは何か？」の疑問もある。考えられることは、組織の大規模化に伴い、ホリスチック（全体論的）なサステイナビリティ（組織持続性）という名の企業死生観が、個人の隠しもつ死生観と共に確立している。言い換えると、会社も個人も死生観を相互に異なる魂と顔で確立している。

そのように「個人の普遍主義」を逆手にとって、わが教育の見直しにこの「個人の普遍主義と死生観の経営哲学」を大胆に講義の中に組み入れ、三年目の授業展開には教科書は学生に独自に外で読ませ、自分の海外研究成果を講義の柱にした。我流の「身体的経営一元論」の理論を思いきって話し始めた。学生からは、「教授の理論は深くてよく分からないが、教授のことは好きだ」という意見が上がり、奇妙な受け方をした。学生からの教員評価も上がったので、逆に驚いた。

アメリカ文明の転換期には、個人と組織の中の死生観が共生する。その死生観は、水の流れを止めて大きく溜めた〝ダムの底〟から浮かびあがってくるようだ。

そうした個人と組織の死生観には、水の流れもお金の流れも同じとする「溜める／貯める」と同時に「溢れる／流れる」のグローバル思考がある。グローバル思考に含まれた死生観の流れに沿って教育に生きるリズムをわたくしはアメリカの大学教育で感じていたが、やがて「心を汚す水の流れ」を溜めることなく、溢れることなく、止めようとする反省も出てきた。言うまでもなく、ここでいう「水の流れ」とは「企業の倫理」のことである。

そこで、わが心が汚れることなく、「水の自然の流れ」や、「お金を人間の流れにしたいものだ」と講義を変えた。その意図を吸い上げてくれるアメリカの学生と出会えたときの感動は、言葉にできない学問する喜びである。

17　歌舞伎〝花道〟の大学教育論――顧客満足と監査文化

歌舞伎が大衆芸能から古典芸能に進化した過程には、見逃せないグローバル精神がある。それは、他の演劇に類を見ない〝花道〟の存在である。舞台と客席とを繋ぐ花道を、私は「顧客満足」の象徴的教科書と見立てる。というのも、「花道の役割」を私は次のように考えているからである。

観客が役者の芸を〝花道〟に沿って身近に接し、その芸を吟味し他と相対化する。その逆に、〝花道〟で演じる役者が観客の興味をより一層惹きつける芸を考案し、その芸道を磨く。そうした相互評価

***Kanjinncho* Stage 『勧進帳』2005(団十郎 菊五郎 富十郎)**

の現地・現物のせめぎ合いの場が、「歌舞伎の花道」の存在理由である。

かくして歌舞伎の持続性には、花道に刷り込まれた「顧客満足」の商人道があり、その商人道が現代的なグローバルな「顧客創造」の経営観につながる。それを、「花道の哲学（戦略）」、「花道の技術（戦術）」、「花道の技能（戦闘）」と仮に呼び、日本発の世界に情報発信できる経営文化とする。

さて「歌舞伎の花道」から、アメリカ大学教育論を解き明かすとしよう。シアトル大学の学部学生に経営学を教える私を、歌舞伎役者と見立て、私の学部学生を観客とみなして、どのように「顧客満足の芝居」、すなわち、「グローバル教育の貢献」を果たしているのだろうか。そうした仮設設定で、教師と学生の両方の視点で自己点検を試みたい。

日本の大学生と比べて、アメリカの学生は大学構内で一人一人の「顔がよく見える」。なぜだろう。シアトル大学の講義は、二〇人から三〇人程度の少人数制の授業制度である。教育の本質が中世からのしきたりに込められた〝顔の見える教育〟に重きを置く。少人数制教育はそれだけ授業料も高いはずだが、全体の七割から八割ぐらいの学生は奨学金の恩恵を受けている。だが同時に、大学側はその分だけ寄付金を広く募集する。簡単にいえば、アメリカの大学には、寄付型社会の定着と奨学金制度の普及との狭間に〝顔の見える教育〟の絆がある。

生徒の顔がよく見える教育の裏返しは、教師の顔も生徒からよく見える存在である。生徒と教師の間の「見える顔の相互交流」には、せめぎあう花道、言い換えれば、顧客創造と顧客満足への相互批判の〝厳しい目〟がある。その上に、異文化の教育交流が私に課せられている。

新学期の初めに、私は学生の写真入りの名簿を持ち歩き、受講生すべての名前を数日かけて暗記する。こちらの教室では学生を正式姓名ではなく、親のつけた名前で呼べるので、その慣習に従うと授業では相互に肩から力が抜けて、楽な気持ちで接しあえる。簡単な真実だが、顔見知りだけではなく名前も覚えられる環境は、教育の本質的基盤である。

日本で教育原理に平等と差別の問題がよく問われてきた。アメリカは差別や平等の意識を超えて、自然観ともいえる〝棲み分け〟の文化が、学生相互間の同類化集団を生み出す。この種の集団形成への観念的な修正は難しい。クラスに共同研究のチームづくりをさせると、学生は同種系の文化で塊をつくる。例えば、アジア系、白人系、黒人系と別れ、その中からさらに分化して、ラテン系、アングロサクソン系、インドネシア系、中国系、北欧系、東欧系、中東アジア系、インド系、日系の学生に分布する。それに重ねて、男子系、女子系、男女混合系と人種混血系のチーム特性も交差する。

組み合わせの例外的特徴を見てみると、白人社会の生活環境に育ったアジア系アメリカ人は、白人系とチームを組み指導力を発揮する。特に女性で中国系アメリカ人にその傾向がみられる。また、白人系だけの女性チームは、大胆な研究テーマを選ぶ。面白いことに、黒人系の下に孤独な東欧系の美女や控え目のアジア系が集い、ハワイからの日系人は仲良しチームをつくる。

概していえば、活力のある白人男子で成績優秀な学生は彼らだけのチームをつくり、留学生とは組まない。また、中国系インドネシア留学生は、彼ら・彼女らだけで固まる習性がある。イスラム教の中近東系の学生にも同じ傾向がある。結論を言えば、交じり合うアメリカ文化は幻想で、その幻想破壊への努力が教育である。そうした教育にも、汗を流す運動と切り札の結婚を超えられないものが残る。

私の研究室に訪ねてくる学生には三つの特色がある。第一類型は講義の内容や研究プロジェクトについて話していると、最終的にその訪問の狙いは「成績点が何点もらえるか」という質問の落ちになる。第二類型は、成績が悪くなると奨学金がもらえなくなるので、「成績をよくしてくれ」という陳情である。マイクロソフト社は、全米一、〇〇〇人の学生の月謝から教科書まで払い、なおかつ博士課程まで面倒をみるそうだ。成績と奨学金の関係は、旧ソ連時代で見聞したモスコー大学の制度と変わらない。

最後の類型は「成績点の修正と格上げ交渉」の訪問学生である。こちらにも見落しや落ち度があれば、直ちに評価を見直さなければならないが、戦略巧みに粘り強く交渉上手な学生には手を焼くことが多い。学問の話題よりも、成績評価の交渉話に終始すると、こちらも成績評価の客観的な採点基準をシラバスに公表し裁判所での法定闘争のような準備を教育助手と一緒にしておく。

そこまでする必要のない日本の大学研究室が懐かしいが、だが、まてよ、学生と教師が授業に「相互評価の花道」を共有しているとなると、話がちがう。言うならば、評価する私が逆に、どう学生に評価されているだろうか。私のつける成績点と生徒の顧客満足との関係が妙に気になる。

大学事務局が毎学期、学期終了の一週間前に学生側から教員評価を執行し、その採点結果を公表し担当教師に知らせてくる。学生からの教員評価の点が悪ければ、所属の学科長からの警告指導が口頭で担当教師に寄せられてくる。その上の学部長と大学本部は、ともに教員評価の情報管理を通じて、大学全体の外部評価に向けて現状改善の総合戦略を立てる。大学改革とはそういうことだ。

学生の顧客満足度は、教員の個別能力の計測からはじまり、大学全体の内部統制組織に組み込まれている。この種の努力が、アメリカの大学の質的向上の制度的基盤になっていることには間違いない。

そこでの疑問もないわけではない。教育条件の整備充実には測れない限界がある。そうした限界の下で教育を線引きし単純に普遍化する危険も感じる。あえて言えば、「教師が学生を正しく評価できるだろうか。」同様に、学生が教師を正しく評価できるだろうか。」という疑問も生じる。

それはそれとして、アメリカの大学教育のあり方は世界に冠たる高度化モデルである。その現実には批判があるとしても否定できない世界的事実であり、残念ながら日本の大学の現状の及ぶところではない。そこでの反省だが、なぜ限界のあるアメリカの大学が世界モデル、即ち、「顧客満足の歌舞伎」を教育舞台化できたのだろうか。

そのことへの一つの回答は、教育への診断制度の介入である。医者と患者の関係に第三者の目がないと、医者は独断で患者の命を粗末にするかもしれない。大学の講義も同じで、教師と学生との関係に、第三者の批判や評価の介入は公正の視点からも必要不可欠である。言うならば、学生・教師・管理者が、それぞれ固有の〝棲み分け〟から、もう一段高いレベルの嫌だが成長に必要な「〝お節介〟の論理」を共有する。

アメリカの大学で授業する私にとって、この第三者の診断的介入は、大学改革の制度的規範、即ち、「〝お節介〟の論理」でもあり、教育の限界からやむをえない客観的な相互牽制組織、即ち、「監査文化」として受け止める。さりながら、その一方で、私の中の天・地・人を結ぶ「敬天人愛」の人生観・教育観も、〝第三者の目〟である。日本からの私は、「歌舞伎の花道」を砥石とする芸道のように、授業の中に信念とする〝教育道〟を世界に持ち出し、アメリカでの大学教室を砥石とする。

シアトル大学勤務三年間を終え、四年目を向かえようとする二〇一一年秋、シアトル大学は、権威ある大学格付け協会（日本でいう大学設置審査基準協会）の審査を受ける。日本の審査よりもより厳格で、この審査合格証明のブランド大学は、シアトル都市圏に多数ある大学の中だけでもワシントン大学、シアトル大学、パシフィック大学の三校のみ。

顧客満足の大学教育は、アメリカの大学の内外に定着している「監査文化」の結晶であることを、言葉の虚構ではなく、経験の真実で知った。教授会の席に教員と事務員とがわけへだてなく一つになる職場の美学が、細かに張り巡らせた「監査文化」のなせる技であることも、このごろになってやっとわかった。

18　会社言語は英語で、全人格能力の競争時代

インドネシアからの留学生は例外なく英語が上手だ。そのわけは英語がすべての国際高校の卒業生だからである。それに比べて、日本にはその種の国際高校が少ない。発展途上国からの若者のほうが、日本の高校生と較べてアメリカの大学へ入学する確立は高い。その理由は、英語ができるから・・・。

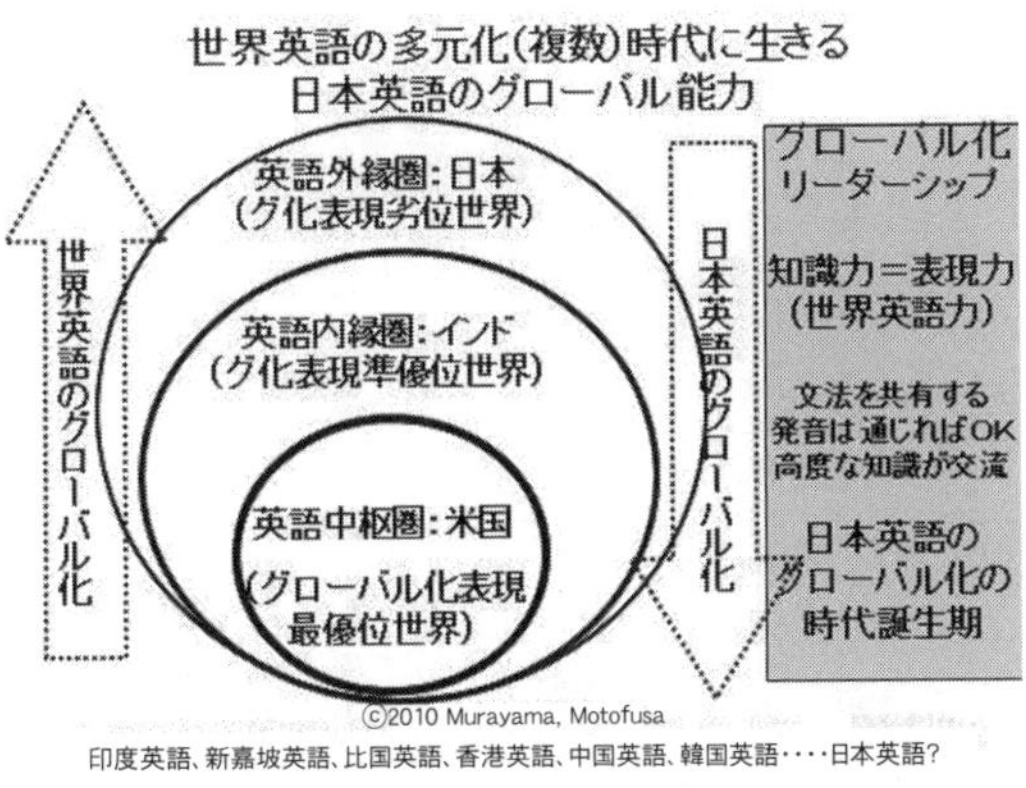

日本は翻訳大国で、『ウオール・ストリート・ジャーナル誌』の内容が翌日には日経新聞に日本語になって報道されている。日本国内に住んでも海外からの情報が日本語でただちに翻訳され、その恩恵で英語は必要ないという錯覚に通常の日本人は陥っている。

グローバル言語としての英語は、今や日本の企業グローバル化への、必須的なコミュニケーション手段である。上司が外国人で、しかも取引相手が外国人なら、会社言語は英語が〝あたりまえのこと〟だ。

ところが、外資系企業と日本系企業も同じようになり、国内展開も海外展開も同時に大切になり、そのちがいの境目（さかいめ）をとやかく問題にしない時代が本格的にやってきた。

こうして、社内の英語能力の向上は、今や企業の持続戦略への実践的価値として注目されるようになった。見方をかえると、会社の中の英語能力は、個人の能力を超えて、企業資源や会社ブランド価値である。かくして、社内の英語能力は、〝競争的優位〟をつくりだす組織文化となる。

日本国内の日産（ルノー系会社）でも、ルノー社との合併後は社内の共通言語が英語となった。フランスのルノー本社も、オランダのルノー海外統括会社でも、英語が会社言語なので、日産の英語化は当然のなりゆきである。このように多国籍の社員が英語と宿命的につきあい、国際言語としての英語交流が苦労の種、我慢のしどころということになる。

同様に、日本のユニクロや楽天が、海外でも日本でも、グローバル・ビジネス展開に英語を会社言語にすると宣言した。国際ビジネスは英語で、会社言語も英語で、組織文化も英語で、そして会社ブランドも英語で、その方向に沿って、企業資源となるグローバル人的資源を蓄え、グローバルな国際競争力を強化する。

さりとはいっても、フランス語圏と日本語圏での「二重言語・二重文化・二重職業」のつながりの違いがある。日本の日産の社内では、事務系の会社言語は英語だが、技術系の社内言語としては、日本語がまだ主流である。日本語が開発リーダーシップの会社言語としてまかり通り、フランス語は蚊帳の外に置かれ、英語が日仏をつなぐ用具とされるところに、日産社内の会社言語の共生がある。

その一方で、ユニクロと楽天の英語は、外資系企業の〝内向きな〟「支配と従属の関係」で英語を会社言語とするのではなく、日本系企業の〝外向きの〟「開発モチベーション」と「競争優位の持続」をめざしている。会社言語としての英語能力を上から命令する本意は、会社組織の防衛的武装であり、全社的な情報戦略であり、そして首尾一貫した現場の人間関係の再構築である。

おそらくユニクロも楽天も、単なる技能としての英語能力を重視しているわけだけではあるまい。社内の英語能力の普及に、日本人の「人格的能力」と外国人との異文化交流への「英語能力」との重層教育の狙いがある。

提案：国際人材と英語力を求め

- 大学での英語講義を一般化／中韓の事例
- 明治初期のお雇い外国人モデルに還る
- 英語による海外放送媒体の生活化、日常化
- 国家の精神持続と外国語からの文化的影響
- 未活用資源としての海外定着の日系人材
- 日本語教育のある外国人材の有効活用
- バイ･カルチャー人間の自己確立
  ‘迷える羊’の量産過程と‘良質な中枢文化’

会社の英語能力は、その個人の人格的表現であり、また、会社文化の表現能力である。英語で仕事をすることは、二つの顔の自分が見られ、そして知られる機会だ。だが、その機会は、どちらかの関係を切るか、結ぶかの分かれ目にさらされる。言葉には魂があるので、英語の魂と、日本語の魂の違いが、英語を聞く・聞かれる関係で、また、対話を通じて見る・見られる関係で、歴然となる。

もっとはっきりいえば、英語をしゃべる社内の日本人は、時と所によっては、「嫌な奴で、嫌われ者」だ。英語をしゃべれば、英語をしゃべれないみんなと同じじゃなくなる。そうした日本の「非英語のグローバル環境」の中で、日本の国際ビジネスは育ってきた。

人間の見る・見られる関係のグローバル化に生きることは、その個人にとって大変幸せな舞台の人生である。その舞台では〝個人の〟「人間性の本質」と〝会社の〟「組織文化の本質」が、隠せないレベルで表現され、広く世間に知られることへの、生涯をかけた生き方への挑戦がある。

会社言語の英語が、仕事の能力としてのみ必要とされるのではない。やがて、会社言語としての英語能力が、その社員の「全人格的能力」の表現機会であり、その会社の「コーポレート・ブランド価値」だということに、気がつくだろう。

これまでのトヨタにとっての英語の位置づけは、エンジニアのためのスポークスマンかアドバイザーとしての、技術補佐の役割世界に過ぎなかった。しかし、アメリカのリコール問題以降は、トヨタは世界の批判と開発に対応できるグローバル人材として英語人間を、多国籍的に登用し始めた。

千葉大学病院では、英語が話せない医者は〝つかいものにならない〟という位置づけをしている。命を扱う医師にとっては、英語も技術の一つだが、英語能力を生命を扱う自己の身体的な技術として考えると、英語能力は単なる技術レベルよりもその医者の人間的資質そのものにかかわる「全人格的能力」を記号化する表現力である。

同様なことは、マイクロソフト社で役員になったある日本人の英語能力についてもいえる。彼の英語は彼の人格形成の中に取りこまれた英語能力である。国際結婚し、そして離婚し、分離した家族の子供への変わらぬ愛と生き、その幸福と悲哀の過程でグローバル・リーダーシップの英語能力は磨かれる。「二重言語・二重文化・二重職業」の渦中の中で彼の会社英語は稀有の抜群の存在であった。

専門分野での英語は別として、困ったことに、通常の英語表現が下手だと、アメリカ人から日本人は知的レベルが低いと思われる。知識があっても英語でその知識を表現できないからである。

もっとも国際英語としての英語世界は多元的で、決して一つではない。英語は個人によって総て異なるリズムとイントネーションであり、人間の指紋のようにちがう。インド人や中国人の英語は上手だが、その独特の発音の聞き取りに苦労する。印度英語、香港英語、新嘉坡英語、インドネシア英語、フランス英語、ロシア英語など、それぞれの訛りに関心を注ぎ、異文化への愛をもってのぞまなければ、英語の世界化現象の渦を泳ぎきれない。

繰り返し自分にも言っているが、英語の癖にその者の「全人格」を嗅ぎ分ける動物的直感を価値あるものとする。各国の英語の癖にも、動物的直感を研ぎ澄まし真面目に聞こうとする姿勢が、〝癖だらけの〟「世界英語」を修行する英語道である。アジアの台頭、ＢＲＩＣｓの新時代、旧植民地の国際化の流れ、そこにはお国訛りの英語の癖がつきものである。その癖のある英語を聞き分ける能力が、「二重言語・二重文化・二重職業（科学）」を貫く〝多元な世界英語としての〟その〝場〟の「会社英語」である。

「世界英語」の定義は簡単で、「文法が同じ」で、発音は間違っていても「正式の発音に近ければいい」。そして、表現した内容に「知的教養があること」である。アメリカのハイスクールに留学した日本の若者がいくら流暢に英語を話しても、その英語の中身がアメリカの高校生レベルの話し方や低い教養だとすると、「世界英語の範疇」から除外される。世界英語とは、文法をわきまえ、発音を恐れず、知的交流への自己への誇りを表現する楽しみや、生涯をかけた生き甲斐である。そうした英語学習の心構えに、日本人の世界英語化への将来を夢見ることができる。

日本本国で世界に通用する国際人を真剣に教育するという気構えが希薄化しているには、それぞれの特殊事情がある。その特殊事情の蟻地獄に嵌らない努力が、特定の大学の、特定の方式であるはずだ。グローバル人材づくりに焦点を置き、新設や改組、あるいは海外との戦略的提携で、一部の学部や、学科や、講義科目をすべて英語化する決断が急務である。人を育てるのに現代の大学教育の無駄な時間を生産性の時間に切り替える発想が、日本の大学に国家存亡の危機としてもとめられている。

前述したように、隣国の韓国と中国の大学での英語講義は既に進んでいて、英語講義のない大学は一流大学として格付けされない。「ネズミを捕らない猫は意味がない」とする中国現代化の精神が、「英語を話せない人間は役に立たない」というグローバル教育思想に連動している。

特に、専門職大学院においては英語講義が世界では一般化している。ビジネスのグローバル化競争が、大学のグローバル競争と連動している。なぜか日本はその連動を無視し、アジア諸国の大学グローバル化からかけ離れた遅れに無感覚でいる。

大学を世界標準で格付け評価する教育グローバル化を、読者はご存知だろうか。英語で講義しない日本のＭＢＡ大学院は、残念ながら教育世界規範の対象にもならない。シアトル大学に入学希望の日本人留学生が試験に落ち、これまで下にみていたアジアの留学生が優秀な点で楽々と合格する。ハーバード大学でも同じことがおきているにちがいない。アメリカの大学に日本人留学生が減少した理由の一つに、英語力も含めて日本の学力低下の問題が暗い気持ちで推察できる。

また、明治のようにお雇い外国人を増やす。国内で英語放送の媒体を増やす、そして英語を生活日常化する特殊な街づくりや村起こしも必要である。地域の国際化や家族の国際化に連動して、英語と日本語の心理的壁の取り除きを小児期に体験させることも未来の英語能力形成において意味がある。

せめて、ＮＨＫさんに期待することは、二四時間のアメリカからの面白い、日本の若者が興味をもてる番組を、日本の若者向けに無料で流してもらうと、日本の若者の英語力は自然に増してくるものと思う。若者は興味のあるテーマだと英語を学ぶに自然と身を入れ、心を込める。若者の漫才ブームから、英語ブームに転換する契機は、日米共通の若者の関心を知ることだ。その関心は、身近なスポーツや音楽、そして趣味にあるかもしれない。

近代化の遅れたアジア諸国の若者たちは、その国の英語放送を自由化の恩恵で楽しむ機会に豊富に恵まれ、数年間で日本の若者の英語力をいつのまにか超えていた。日本のマスコミは、日本の若者を愚かにも、賢くもできる潜在力である。

ドイツ人が英語に上手な理由を国際学会の席で聞いてみた。「英語放送のＴＶ番組を外国から輸入した方が国内でつくるよりも安いから・・・」という〝笑い話〟。コスト意識でこの〝笑い話〟を日本でも実現してほしい。

第5章　ホンモノ経営

19　日本発の芸能世界観――シアトルで知る

(1)「感激をつくる芸」

歌舞伎のプロの芸に自分を夢見ている。もちろん音（長唄）の世界だが・・。国際交流基金と松竹株式会社の肝（きも）入りで、歌舞伎紹介のプロ集団が東京からシアトルにやってきた。日本総領事館との企画作業のお役目を機会に歌舞伎の〝プロの芸心〟を身近に知りたかった。

役者は中村京三と中村又之介が主役。音の世界はまず長唄の唄方が歌舞伎座の舞台で活躍する吉村伊千四郎。富岡八幡宮の氏子でもある伊千四郎は、脇の吉村伊四之介と『鷺娘』と『石橋』を〝プロの本領〟で唄った。

その糸方（三味線）は杵屋正園が弾いた。その脇が杵屋六治郎。正園の父親の杵屋正次郎は江戸時代からの名門の家元で、私の恩師の東音・皆川健先生と親しい。それに私共は神田明神下の「章太亭」の常連客仲間でもある。

また、六治郎は富岡八幡の門前に住む杵屋秀子先生（旧・池の端の師匠）の弟子。秀子先生には私の千葉大学最終講義で『時雨西行』『越後獅子』『二人椀久』『勧進帳』を未熟の大胆さで唄ったとき、芸大学友の志村かしわ師匠の縁で後見してくれた義理がある。地元のI Love Sushiに糸方を招き義理に報いる。

最後にお囃子の江戸っ子・中村傳太郎とは妙にウマが合った。その後も、日本からも電話がよくある。その仲間の望月太州と望月喜十郎も気心のいい若者で、短時間滞在のシアトルを目まぐるしく案内させてもらった。お囃子の連中は街角の日常の生活文化との出会いに強く感動していた。

以上の話は、米国シアトルの日米文化交流史に残した日本からの人間像の紹介である。さて話を元に戻し、「〝プロの芸心〟とは何か」。素人の長唄自慢が、「歌舞伎プロから学べた芸の心」を、日米文化交流史にさらに書き加えたい。

吉村伊千四郎は冷たく言い切る。「私は歌舞伎座からのお給金で生きている。だから、素人芸に世辞はいわない。芸には才能あるなしが決め手となる。下手でもプロなら生活していかなくてはならない。そのためには、繰り返し努力するしか生きる道がない。自分の声をテープで聞かないし、自分の唄も素人の唄も誉めない。プロの芸とは、人を感激させることのみだ。感激をつくれる芸こそが自分らしさの芸だ。」

低いレベルでの感激に甘んじない伊千四郎の芸の心には、「価値ある感激」を高め知る何かがある。

プロの感激は残酷を誇りとし、虚飾をそぎ落とし、崇高にして持続する愛のほとばしりである。己の中に隠し持つ意地を磨き、粋を心根とし、〝残酷にして崇高なる愛〟が、歌舞伎の美学とつながる。その美学を知る能力こそが、プロの芸心の真髄かもしれない。日本に帰国した折、深川門仲住人のこの〝気難しい〟彼を訪ねまた教えをこいたい。

(2) 残る芸・繋がる組織の大正琴 ―歌舞伎に学ぶ大衆芸能の未来―

市川団十郎は一一代目で、その息子の海老蔵はいずれ一二代団十郎を襲名する。こうした〝家〟（いえ）文化の継承を、日本人は暗黙知の約束事として当然視する。というのも、観客は団十郎の芸風の継承を期待し、同時にその進化を楽しみたいからである。

日本政府はそうした持続する大衆芸能を古典芸能に格上げし、人間国宝の役者をつくり、日本文化の象徴として歌舞伎を世界へ情報発信する。日本の芸能はこのように政府行政によって護られるが、アメリカの芸術はビジネスマンにより、ヨーロッパの芸術は宗教の力によって主体的に維持されてきた。

残る芸・繋がる組織の歌舞伎を、「大正琴・弦容会の未来」に見立ててみるとしよう。まずは、日本の〝家元制〟だが、天皇制は別として、お家（いえ）の継承は血縁に限らず非血縁でもよしとする「日本文化の柔構造」がある。稀代の女形・坂東玉三郎しかり、彼は家元坂東家の養子となる。そこが中国や韓国などのアジアの純粋血縁家族観とちがう。なぜだろう。

日本には歴史尊重の伝統信仰と同時に歴史批判の合理信仰がある。両者とも持続を神の如く信心することには変わりはない。だが、天皇制は伝統信仰を強め、家元制は伝統信仰に拘らず、合理信仰も肯定する。そのわけは〝持続する芸〟に重きを置くからである。大衆は歴史批判を超えて〝持続する芸〟を磨く。家元の地位はその成果、後にくる便宜的な組織論である。

だが待てよ。歌舞伎の合理信仰と較べて、大正琴の合理信仰には違いがありそうだ。その違いは、古典芸能と現代芸能の違いにみられる庶民参加の領域幅である。歌舞伎も江戸時代は庶民の中にあり、役者の台詞をナマオケで真似する町衆や大衆と生きていた。

今の大正琴は〝昔の歌舞伎〟のような「大衆芸能の世界」である。いうならば、西洋の街にある教会のように「手の届くところ」、「足の運べるところ」、そして「音の聞こえるところ」に大正琴の街並みがある。

まだ違いがある。歌舞伎は一部の家族へと閉ざされているが、大正琴は総ての家族に開かれ、競争の合理精神を育む。このグローバルに開かれた芸能には遊びと競い合いの世界があり、その芸持続に人さまざまな役者気分の活力がある。

市川家はその後、歌舞伎十八番をつくり歌舞伎の持続を戦略化した。大正琴・弦容会の生誕三〇周年に望むことは、「弦容会・新十八番」を整え、日本にそして世界に弦容会の芸風を知らしめてもらいたい。私は、大正琴・弦容会の顧問を三〇年も仰せつかり、役立たずだが、今シアトルで日本の大衆芸能文化の将来を考えている。

(3)　音の世界観

シアトル大学のそばに音楽街がある。もちろん音楽の街には賑わいの飲食店や流行の店が立ち並ぶ。全米そして海外から大型の特殊バスでツアーしてくる音楽家グループの演奏に、シアトルの若者は群がる。西洋酒場で出会った壮年のヨットマンに誘われるままに、街角の「ニューモス」という名の音楽小ホールに流れ込んでみた。

驚いたことに、私の夢みていた南米カリブ海のクレオール音楽がそこに満ち溢れていた。クレオールとは、スペイン語で〝現地生まれのヨーロッパ人〟という意味で、簡単にいえば〝混血のひと〟／「人間融合の歴史」ということ。

ジャマイカからの演奏家たちに向かい合って、聴衆はそのホンモノの音に合わせて総て立ち上がり心身一体のリズムをつくる。その様は自分の中に隠れている人間の原始的躍動感を呼び覚まそうとするかのようでもある。

ここに集う若者たちも、出生の起源を消すシアトルの「人間融合の歴史」の塊だと徐々に知る。その中に白人の顔をした日系三世代女性もいた。彼女は日本の太鼓の音に馴染んだＤＮＡ（遺伝子）を思い起こすかのように体の動きのリズムをとる。自分の中に残り消せない日本の音の世界が彼女の血を騒がし、新しいアメリカの「人間融合の世界」と結ぶ。

クレオール音楽のリズムは、素朴な逞しさである。その音の魔力は人間起源の「地と血と知」の〝三ち〟の世界へと旅たたせる。日本の祭り太鼓の速いリズムにも似ているが、この音の世界は人の心を自然に沸き立たせ、複雑を単純に消しこむ力がある。だが、騒然としたリズムの中に断固たる「基本の自然リズム」がある。そのリズムとは「人間融合の歴史」が音の世界を通じて残す〝先祖の自然〟である。

グローバルな普遍性とはこの〝先祖の自然〟である。考えるに、「音の文化の歴史」は、〝先祖の自然〟、即、「基本の自然リズム」に還る「人間融合の歴史」に溶けているのではなかろうか。いうならば、音の世界があって、人の世界があるのではない。「人の世界があってこそ、音の世界がある」。しかも、その人とは変化する人であり、混血の言葉を自然に消す人間融合の自然と文明の系譜である。

日本の芸能世界は、古典の歌舞伎も現代の大正琴も含めて、人の変化の荒波により激しくもまれるにちがいない。そうした時代変革の中に〝日本発の芸能文化〟をグローバル普及してもらいたい。そのためには、まず「先祖の自然／基本の自然リズム」を基軸にして、異なる音・異なる人を抱え込める、「ゆるぎない音の自然観・即・世界観」をそれぞれの中に探すことである。

日本発の音がつくりだす自然観・即・世界観は、日本の街角や辺境の地にも隠れている。シアトル・マリナーズのイチロー選手を称える試合に、巨大なセフコー球場の外野に〝小さくお目見得した〟沖縄太鼓連中の演奏に、当日の観衆は沸いた。〝大きな〟世界球場を賑わした、日本発の〝小さな〟街角や辺境の地の音の文化はまさに偉大な自然と世界であった。

日本の政府や地方行政、国際交流基金、そして各種の民間企業や諸大学から個人の地域住民にいたるまで、日本の自然発の「音の世界観」を探し出し、そしてわかちあってもらいたい。日本に隠れてい

高野山シアトル寺院でも「音吉供養」のために甲斐京子さんが，SKD 時代の名曲の数々を奉納してくれた

る、自然と和する「まちむらの芸能文化」を世界に向けて後押ししてもらいたい。

(4)　心身美の「歌と踊り」

元ＳＫＤ（松竹歌劇団）のトップ・スター甲斐京子さんに、〝グローバルな心と行動〟をテーマにして、シアトル大学の劇場でおもいきり歌ってもらった。そのときは、「国際経営文化学会」と「シアトル大学」と「北米報知新聞社」と共催の国際会議「シアトルはグローバル―文化多様性と文明活力の〝際崩し・橋架け〟」の開催に合わせた二〇一〇年一〇月二三日のこと（巻末資料参照）。

日本で馴染んできた甲斐さんの歌だが、米国シアトルでの甲斐さんは別人だった。その驚きの中身は、歌が〝心身一体の美学〟となる発見である。彼女の歌は音だが、その音が参加する人たちの身体を動かし、芝居をさせ、そして一同に共に生きる踊りの感動の心を甦えらせた。

その物語の状況は、『富岡音頭』を歌い始めた彼女の音の世界から幕開け。彼女の自然の誘いに乗って聴衆の中から湧き上がるようにアメリカ人が壇上に上がり踊りだす。その振り付けは個人の自由であり、まさに個人が普遍を芝居する。その踊りの動きは各種各様で、ピラミッドの底辺からの「歌と踊りの人間交流」を愉快な形にする。

深川の富岡八幡様とは〝縁と粋〟で結ばれる市川市行徳からも美人五人組がそこにもいた。彼女らは「ちりめん細工紹介」の田中愛子さんグループで、『富岡音頭』の踊りの輪に溶け込み、歌と踊りの融合に心身一体の色模様を織りなす。

神聖な大学の劇場の壇上は、本学の学長、マイクロソフト社やボーイング社らのお重役連中が講義する普段の場であった。だが、その夜の『富岡音頭』の壇上は違った。シアトルの街の人から、多くの教授連中とその家族、大学院や学部の学生、そして多様な人種が渦巻いていた。私もその群れに混じり、歌と踊りに潜む「音の自然世界」、すなわち、「動物的精気」のその〝躍動感〟を、わが身体のリズムから直感した。

その直感の時から、私のすれちがう日常挨拶には、言葉の音ではなく心身一体の陽気な音の響きを探す。『富岡音頭』と甲斐京子さんは「音の自然世界の面白さ」をシアトルで教えてくれた。異国の大学での人間つき合には、言葉の音よりも、体を動かし〝心身一体の美学〟としての「音の自然世界」がある。その自然世界の実在を滅茶苦茶に面白くここに学べた。

20　日本人の本物願望と、外国人の学習効果

素人は、玄人の本物の領域にあこがれる。だが、両者のちがいはおおきい。「カラスの子はカラス」「トンビが、鷹を生めない」。だが、「トンビが鷹を生む」奇跡を人は夢見る。ここに、「本物願望」と「学習効果」とが交わる創造的破壊の異文化経営学がある。

「歌舞伎とグローバル教育」というテーマを掲げ、〝開かれた大学〟イベント開催を、経営学科長のベン・キム教授のご理解の下二〇〇八年の秋に試みた。この企画はシアトル大学の地域社会貢献や国際交流の活性化をめざすＯＥＣＤ的発想からである。私にとって、〝開かれた大学〟とは千葉大学・相磯和嘉学長の下での学長補佐時代に千葉青年会議所と共同開催の経験があり、その延長でお手のものであった。

この機会に、素人芸だが江戸長唄（邦楽／歌舞伎音楽）の『勧進帳』ご披露を五〇〇人超える観客の前でさせてもらった。『勧進帳』についていえば、東音・志村かしわ師匠の肝いりで、国立劇場での「故・岡安晃三郎一周忌」に〝たて〟で唄ったときの楽しい想い出がある。

シアトル大学での長唄・『勧進帳』演奏で、驚いたことがある。〝糸方〟（三味線）が一六人で、〝唄方〟は、私一人だった。アメリカ人の三味線弾きは、機械的に「日本の型の真似」ができる。ところが唄い手は、人間の喉の遺伝子とは別に、日本固有の学習環境（師弟関係と慣習的〝きめごと〟）との絆

があった。稽古事における日米のちがいの本質についていえば、遊べる心の日本と、遊ばない心の米国との違和感を、ここシアトルで実感した。

多様な人種文化の一六人が弾く三味線弾きは、日本の型で一つになれる。そこに、アメリカ人から見た〝ニッポン化〟(Japani-zation)、逆に日本人から見れば、〝アメリカ化〟(Ameircani-zation) の世界と出会う。その移転現象は「型モデルのグローバル化」といえる。アメリカ人は、こうした意味での心のこもらない「型の学習効果」だけで満足できるのだろうかと、そうした疑問が私の中に芽生えてきた。

本物願望の長唄は、唄一枚ではなく、三味線一六丁と唄一六枚の共時的な重合だ。本来の『勧進帳』の長唄モデルで、その重合のアメリカ移転があれば、アメリカでの長唄の本格的な型モデルの日米共通化といえ

本物の人間を夢みる日本人形（SU 研究室）

本物のオペラを夢見るシアトルの街角ボランティアー

る。だが、アメリカでは本物願望の長唄は、日米交流の現段階では無理な話である。日米間で「機械化の交流訓練」は容易にできても、アメリカでの糸と唄とが一つになる「人間化の交流教育」は、時間と手間隙がかかるのでそう簡単なものではない。

この事例のように、日本からの日本文化の型移転そのものが、未完成であることを、ニッポン化やアメリカ化、あるいは、グローバル化の言葉の意味の中に確実に知る必要を、私は草の根文化交流の現場で感じた。

そこで、ローカルやグローバルの両極端に走らないで、〝グローカル〟という中範囲の思考的枠組みが、体験的にうまれる。この「グローカル思想」は、逆も真なり、〝場〟に真実があり、まずは日米のちがいにとらわれないという覚悟である。言い方を変えると、文化の違和感を感動の楽しみに変え、問題解決への柔軟性かつ肯定的な人生観で、「異種融合のイベント開発」（祭りの気分づくり）と「創造的破壊の行動」を身体化することである。

「グローカル化」という中範囲概念は、〝第三世界の創造〟をめざすようであるが、そうではなくて、同時に「ローカル化」と「グローバル化」と、その両方向に反動的な磨きをかけさせ、ローカルとグローバルの質を本物願望へと進化させることにある。日本は「もっと日本らしく」、アメリカは「もっとアメリカらしく」という方向での「変革過程」が、グローカル化の裏の論理である。

また、そのための「変革価値」としての能力的差別と平等的人権とが、その裏の理論を支える。ローカルにしろ、グローバルにしろ、〝らしさ〟への本物願望は、それはそれとして肯定するが、中範囲的意味でのグローカル化（ニッポン化ないしアメリカ化）の言葉の意味は、ローカルとグローバルのそれぞれの文化の中枢構造の本質へ向けての創造的破壊過程そのものである。シアトル大学での「歌舞伎とグローバル教育」の長唄演奏は、かくの如く私に〝グローカル人生〟の実在を教えてくれた。

というのも、私が持ち込んだ日本人の長唄の「音の間」と、シアトルに住むアメリカ人が弾く三味線（もの）の「音の間」とどうやっても合わないので悩まされた。日本では、唄（ひと）に合わせて三味線（もの）がついてくるものだという旦那芸（ものごと）が楽しめた。だがアメリカでの長唄は、〝機械的正確の〟三味線の「音の間」である。それは、西洋音楽の音符の「音の間」に似ていて、馴染んできた日本長唄の間でもなく、歌舞伎座で親しんできた「間合い」でもない。言い換えると、邦楽の流派のちがいだけではなく、三味線という物質の「物の間」に会わせられない、私の唄の中に無意識に波打つ「文化の間」、すなわち、「人の間」（人間の命のリズム）のちがいを強く感じた。

歌舞伎座などの舞台で、団十郎や海老蔵の踊りに合わせて「仲乃町の三浦屋」の黒御簾（くろみす）から「河東節」（かとうぶし）をコーラスするとき、女性の唄と糸のほうが、男性のそれよりも調和していて、花道の役者の踊りとよく噛み合うので、うらやましいとおもっていた。

だが、人間国宝の山彦千子師匠は、別の意見の持ち主で、男性側の唄と糸との不一致が、ときとして、「助六の河東節」と「団十郎の踊り」との組み合わせをより面白いものにしていると言われた。

そう考えると、アメリカのジャポニズムとは、奇想天外だが、面白く混沌としていたとしても、そこには〝ものごと〟（物事）や〝ひとごと〟（人事）の「変革の価値」とその「変革の過程」を象徴している意味を秘めているので、その変革への創造的破壊過程を真摯に理解しうけとめなくてはならない。

さりとはいっても、その一方で私の長唄師匠の東音・皆川健先生は「アメリカには長唄がない」と言い切られる。その言葉は先生の海外演奏経験からの重たい言葉でもある。型と思想の重なる日本の長唄は、江戸文化がアメリカの文化にならないように、海外に日本の文化や日本の学問、そして日本の技術や生産は限定的に外国へ紹介はできるが、その「本質的な移転」（型と思想の共時性）は期待できないことを皆川理論は伝える。その理論の裏側には、アメリカには先生の求める日本人の遊び心が欠けていることへの指摘がある。

皆川先生の長唄には歌舞伎芸術と日本文化を継承する「江戸の遊び心」が確立している。アメリカの長唄世界に、物心を超えた豊かな「江戸の遊び心」がないということが皆川先生の本音かもしれない。そのことが、なんとも寂しいかぎりである。

本物願望の江戸長唄との出会いを、アメリカの生活で日常化できないとしても、アメリカでの寿司への本物願望は、アメリカの生活日常性のどこかにあるかもしれない。もちろん本物の定義は、人さまざまだが、わたくしの考えている本物とは個人の心身一元的な純粋経験（例、生まれ育った故郷での感動）とその起源的価値の説得力である。

わたくしなりの本物願望を満たしてくれる、アメリカのすし屋をシアトルで発見した。江戸前の一流の腕と、客扱いに心を配る「藤寿司」である。他にシアトルの湖岸にある、「アイ・ラブ・スシ」という店がある。寿司を食べるときに、私たちは客の対話風景や港の景色を食べている。そこでの寿司の楽しみは、水辺、ヨット、異文化、そして人間の風景が、魚介類の料理の味わいと共に、目に飛び込んでくる。

寿司とは対話の場である。そこは酒のある場であり、連れて行った外人もリラックスして、相互に中身のある話ができる場である。そこには、ジャポニズム、即ち、アメリカの精神文化を強化する方向での、日本文化の「型と思想の共時的取り込み」の現場を心地よく感じとることができる。

最近のアメリカには外国人の寿司職人がたくさんいる。メキシコ人の寿司職人は、型を真似する名人だ。浅草の金太郎の「寿司カレンダー」をシアトルの日本人経営の寿司屋に贈呈すると、メキシコ人は迷うことなく金太郎のカレンダーに描かれた「寿司の型」を真似する。ところが、シアトルで寿司を学ぶ日本人は「寿司の型」を真似するよりも、その型の根底の中身への理解の仕方と考え方にはまりこむ。

したがって、寿司カレンダーをみて日本人は「考え方」が先行して「型の真似」に苦しんでいる。ということは、型づくりの前に「考える場の文化」が日本人にある。

メキシコ人の寿司職人には、日本の考え方を抜きにして、カレンダーの型や教わった通り寿司はつくれる。彼らには残念ながら、私が求める寿司文化に籠められた「江戸東京への本物願望」は理解できない日本であり、江戸前の寿司は握れない。

シアトルに約半世紀生きていたシローさん（加柴司郎）という名の寿司職人がいる。日本レストラン〝花〟の紹介でこの方とお会いした。シアトルで多くの寿司職人を育てた人で、私と同じ年の七七歳である。シローさんの米国在住五〇年と、わたくしの日本在住五〇年の「空間と時間」のちがいは何なのだろうか。「空間と時間」には偽れない真実があるので、シアトル・マリナーズのイチロー選手だけでなく、シロー寿司のシロー職人からも学びたい。

アメリカでホンモノの日本寿司つくり志向の彼に、「日本からアメリカに持ち込んできて、この五〇年間に今も持続していることは何ですか」、とたずねたら、「からだをうごかすこと」と明快だった。江戸東京の京橋時代の職人教育は、「からだをうごかすこと」の一語につきる。私の学問も、そうしてきた。

シアトルで寿司を握り続けるそのおもいは、「全人口の三％のアメリカ人がアメリカを動かす、その三％のアメリカ人がホンモノ寿司の愛好家だから」と彼は断言する。「私の寿司は、三％のアメリカ人社会層に的を絞り、そのものたちの日本への関心に敏感に反応すること」、「その次にホンモノ寿司の味わい方を講義し、アメリカ人の寿司文化の高度化欲求を満足させること」。そして「その三％のアメリカ人を動かせば、アメリカの日本理解はより深まる」と言葉を結ぶ。日本の政府外交官が顔負けする〝凄い〟発想の民間外交は、相手に関心を持たせ、惹きつけ、説得し、感動を共有する戦略である。

ホンモノの寿司職人は、アメリカのリーダー階層と対等に向かい合う。しかもそのものたちにホンモノの寿司文化を媒介にして日本の本質を教え、アメリカの上部社会層の文化意識を進化させ、アメリカのリーダーを説得させる要因となる。

アメリカは、多くの異文化世界を日常化し、文化多様性の文明社会にたゆみなく生きている。そこに貫く経営哲学は、異文化交流の〝融合〟、妥協、そして土着化（例、カリフォルニア巻き寿司）を好機とし、ホンモノをより強め持続させるために、日本文化の中枢構造との出会いである。アメリカで日常生活化してきた日本寿司は、外国の異なる食文化との〝融合〟で各種の形態変化をつくりだしている。だが、その中枢構造の、酢飯、海苔、ワサビは変わらない世界の日本である。魚が、アボカドなどのフルーツに変わったとしてもだが・・・。かくして、アメリカ文化の多様性を巻き込む中枢構造も強まる。

余談だが、寿司文化の大規模なグローバル・ビジネス化は、韓国系企業のほうが上手のようだ。二〇〇一年のころシカゴの「つなみ」という巨大なすし屋には韓国の一〇名ぐらいの若者板前が列をなして寿司を握っていた。まさに、韓国系企業の大胆かつ大規模なアメリカ進出という光景をそこに感じた。それもサムソン社に似て、日本よりもアメリカ市場をより深く知り、スピード、大型投資、そして勇猛果敢な中央集権の効率経営である。

シアトルの寿司屋にも韓国系の日本風の小さなお店が、いたるところにたくさん増えてきた。在米韓国人の間には日本社会の古い共同体意識にかつてみられた、「無尽」や「講中」が残っているので、その相互扶助の組織がアメリカでの寿司屋の開業を容易にしている。

本物願望への寿司文化は、いまや日本人だけの領域ではなくなった。日本が本格的につくれなかった、あるいは失いかけている日本の寿司文化が、アメリカに住むものらの手によって、寿司の型と思想の融合を更新し、新しいビジネス・モデルとしてアメリカの街中に誕生してきている。シアトルにこうしたグローカル・ビジネスの〝場づくり成功〟を身近に目撃している。

21　異文化と闘う、シアトル日本娘の意地と三味線

シアトルで三味線に熱中し進歩し、上手になる弾き手は、面白いことに男女を問わず日米間の国際結婚組たちである。日米間での国際結婚した男女にとって、幸福論では議論できない、ある種の満たされない異文化関係の溝を分かち合って生活している。それは、言葉や食事のみならず、家意識、生活習慣、社会関係、そして宗教や結婚観などのちがいからくる、満たされない何かである。

二つが一つになれないとき、一つになれる、もう一つの何かを探す。そこに、〝もの〟（物質）としての楽器三味線があり、〝こと〟（行為）としての邦楽（三味線）演奏があった。国際結婚には、男女の絆を持続させる確かな「ものごと」（物と行為）が不可欠である。アメリカ人の夫は、三味線の楽器を、〝もう一つの〟「身体的な日本文化」とし、三味線の音の世界に自己と日本文化との確実な調和を感じている。

日本の三味線へのアメリカ人亭主の強烈な情熱には、日本人妻との国際結婚を超えて、日本文化との出会いをより確実な「ものごと」にしたいという欲求からである。その欲求が、三味線を演奏する自己の中に、身体的に確実に実感できる日本との出会いを掘り下げている。言い換えると、日本の楽器三味線を自己身体化して、日本文化との出会いにより具体性や行動性を求め、また、日本文化を外側からで

大野メリー先生率いる「KABUKI ACADEMY」の稽古風景
2009年　Seattle Central Commyunity Callegeで

はなく、内側からその実体を体験し、分かち合う日本文化への誇れる自己形成をアメリカ人の三味線亭主たちは、求めている。

より高い次元で求める自己の文化主体と確実に出会っている白人の夫たちは、三味線にとりつかれているように弾き、その感動を日本人妻の異文化性と闘う自己主体の強化につなげている。同様なことが、日本人妻のアメリカでの三味線習得過程において、逆の立場からもいえる。日本人妻は、アメリカ人の夫に伝えられない日本文化を、三味線と自己一体化するお稽古ごとのなかに発見し、異文化交流の限界からの日本文化への回帰とその確実な出会いを求めているようでもある。

シアトル市内に「酒呑み」という店が、日本の地酒を紹介している。そのカウンターにXY女という名の二四歳の日本人娘が、信州から地酒の宣伝にきた義理の父親（日本人の母親が、日本人夫との離婚後の、再婚相手の白人）の前に座っていた。彼女は、ワシントン大学の生物学専攻を四年間で卒業した才媛で、シアトル市の環境課で働いていた。物寂しげにしている彼女に、以上の国際結婚にまつわる、私の個人的な「三味線身体化と異文化交流の仮説」を試しに話してみた。

それからの彼女は、私の紹介でシアトルの三味線師匠（大野メリー先生）の門下生になり、三味線を〝物の怪にとり憑かれた〟ように習い始め、驚くべき成長をした。彼女の話によると、隣室に迷惑をかけないように夜中に押入れ（クローゼット）の中にこもり、三味線の稽古に狂ったように熱中していた。彼女の三味線演奏への成長要因は、ただただ一言「負けたくない」。国際結婚組の先輩たち男女に負けたくない、中国系、韓国系の異文化の稽古仲間に負けたくない、上智大学からの女子留学生にも、アメリカ人総てにも「絶対負けたくない」という性質のものだった。お稽古ごとからの、プロへの道はそうした負けず嫌いの精神構造から芽生えることもある。趣味や遊びの楽しみから、「異文化交流」の言葉を消す女の闘いが〝青い炎〟のように燃えはじめた。

現代の「シアトル人生」に闘う日本の若い女の意地は、戦後まもなく私どもがアメリカ留学したときの意気込みや意地と似ている。上達した彼女の三味線で、私は高野山シアトル寺院へ長唄・『松の緑』、『越後獅子』、『時雨西行』を奉納することもできた。彼女はわたくしの唄の間にあわせて、三味線の間をいつのまにかものにしていた。

彼女にとっての三味線の存在は、彼女の親子関係、留学過程、職場の持続などを含めて、すべて異文化との闘争と同じ意味であり、内向き思考や閉じこもり態度とは無縁の、故郷日本への思い入れを捨て、家族の絆をたち斬り、〝青い炎〟となってアメリカで生きる「日本娘の意地」だった。

アメリカで三味線楽器へ執念をたぎらす彼女は、異文化と闘える確かな媒体として、あるいは自己形成のかいぞえ役として、三味線を身体化していたのであろう。

このXY女は、さらなる教育を求めて、学費無料の欧州の大学院への旅にでた。貧しい彼女は、わたくしの三味線を借りて旅たちたいという。彼女が使っていたレンタルの三味線の音があまりに悪いので、わたくしの良質の音の三味線（歌舞伎アカデミイの大野メリー先生から譲り受けた）を彼女に貸していたこれまでの事情もあった。餞別がわりにわたくしの三味線を彼女にくれてやったが、後で大野先生から「三味線は恋人だから、大切にしなくてはいけない！」とたしなめられた。

ストックホルムの地でも、スカイプでシアトル在住の大野メリー先生から三味線を習い続けるという「日本娘の意地」は、ヨーロッパ大陸へ続く。三味線環境のない北欧スエーデンで、なぜそこまで三味線稽古にこだわるのだろうか。

考えられることは、日本の文化を確実に伝えたい道具として彼女の三味線がある。英語が達者な彼女にとって、世界に通用するもう一つの人格は、日本の芸事だということに、賢い彼女は気づき、その自覚をヨーロッパへと延長させた。

彼女の三味線に込める「日本娘の意地」が、とかく悪評される〝イエロー・キャブ〟と言う名の日本娘の世界的汚名をきれいに払拭してもらいたいものだ。

日本文化の本質のイエ意識と共に真面目に生きる、日本人グローバル娘たちのためにも・・・・。

彼女の三味線に、外国での日本の文化伝承を期待したい。

思いだしたが、彼女に貸してやった明治時代の長唄名人「吉住慈恭（唄）」と「稀音家浄観（糸）」の名演奏カセット・テープ（『松の緑』『越後獅子』『時雨西行』）は、やっぱりスエーデンにもっていかれてしまい、私のところへはとうとう返してもらえなかった。福澤諭吉も、そして私も慈恭さんのこの唄を聞きながら原稿を書いてきた。その相方の三味線名人・浄観さんに〝負けまいぞ！〟と頑張る「彼女の意地」が目に浮かぶ。

第6章　リスク経営——政治文化

22　大統領の庶民派感性——逆転の底力

アメリカの現政権はオバマ大統領の率いる民主党で、〝平等の〟「自由」を大上段の旗印にする。それに反し野党となった共和党は、〝富裕の〟「保守」を言わずともがなの錦の御旗とする。だが、民主党と共和党の内部には、それぞれの左派、中道、右派とある。両党の旗印が、「自由」と「平等」と重なって見えるのもそのせいかもしれない。

さらに、民主党と共和党の両党の挟間には「独立党」（Independent）という名の中間層がある。「独立党」は日本でいう無所属ではない。両党に対峙して存在し、両党の政策を吟味評価する独自の政治思想集団である。もちろん、「独立党」の動きが、両派の主導権と連動することがある。オバマ政権の誕生とその後の批判の動きは「独立党」のなせる技ともいえる。

日本の政治文化に、「独立党」という概念とその誇りがないのが不思議におもえる。日米比較政治としても、この「独立党」の存在は面白い研究課題だとおもうが。

経済人や大学人から一般市民まで、政治家同様に、それぞれ個人が以上の三党の政治思想に自分を位置づけもの申す。アメリカの政治はこのように菓子箱にある異なった味の三色最中で、それぞれの好みの味を選んで食べるに等しい。

だが、こうした三色最中型の標準的な割り切り方は、複雑な社会構成を単純化するには便利な方法であり、競争優位の地位をめざす個人からの市民参加を促進し、民主主義の基本原理を実現する政治的ノーハウの開発として、よくできた間接民主主義の代物だ。

それはそれとして、「自由の民主党」と「保守の共和党」と「中立の独立党」で割り切るアメリカ人の市民意識に、最近ふと疑問をもつようになった。というのも、それぞれの政治思想を基盤として「市民のための、市民による、市民の政治」を標榜するが、その「市民とは何を意味するのか」。この種の疑問を日本にいたとき以上に強く抱き、アメリカの市民意識をもっと深く知りたいとおもうようになった。

健康保険の大衆化問題で、米国三州での上院議員選挙の敗北で追い詰められたオバマ大統領は、上下院総会で〝庶民派感性〞、すなわち、「庶民を味方にする旗印」を全面に打ち出して、共和党へ一矢報いた。その意外性に報道機関もその解釈に目の色を変える大騒ぎ、かくして賛否両論がおさまらない。

おもうに、「庶民」とは政治でいう人権や平等の市民ではない。庶民とは草の根に生きる人間心理で、上部構造（例えば金持ち）への妬みや嫉妬、そして隠れた抵抗の心情である。庶民には二つの顔がある。その第一は、政治意識に関係なく、貧しくても人間が人間を慈しむ純粋な心根、すなわち、家族や地域の草の根レベルでの助け合う親和の情であり、飾らない人間関係から自然発生する〝愛憎の実感としての〟「共生の絆」である。

第二の庶民とは、機会の平等を基本的人権とする、政治化された民権運動の庶民である。そこでの庶民が人権に衣替えして、政治力学の戦略的手段となり、大衆市民と富裕市民との対比構造の中で、庶民が別の顔、すなわち、下からの革新をめざした〝平等主張の〟「法律の絆」の顔に変容する。

黒人大統領のオバマは白と黒と（差別問題）を口にしないで、観念の市民平等と人権運動を理想とする政治家である。その政治的背景はシカゴの黒人街での「草の根型の〝庶民派感性〟」を、人権運動の「政治型の大衆意識」に昇華させた地域リーダーである。言い換えると、草の根型の「共生の絆」の庶民感性を、革新型の「法律の絆」の政治感性に融合させる手腕を特技とする、地域共同体開発の練達の士である。

ウオール・ストリート誌は、オバマを最近の彼の巻き返し議会演説から「大胆不敵なポピュリスト（大衆主義者）」と評している。その評価の裏付けは、これまでのポプリストとしてのありがちな、観念の市民社会論や政治大衆論を脱して、地べたの性質に還れる草の根型の〝庶民派感性〟を、政治の信念とし、ビジョン形成の原点としていることにある。累積財政赤字の解消（貯蓄）と持続する失業克服（投資）との対極問題を前面にして、オバマの開きなおりや、仕切り直しには、意外性の「逆転の底力」がある。だが、今はそうでも政治には裏があるので、未来のその持続性については断言できないものが残る。

オバマの逆転の底力は、言葉に美しい市民意識を操りながら、最後は、切り札の説得力である草の根の〝庶民派感性〟を政治の基本とする。その〝庶民派感性〟が、「保守と革新」の政治的対立と「大衆と富裕」の社会的格差の両構造に、予期せぬ風穴をあける。いうならば借り物の市民意識ではなく、実体験の草の根起源の庶民感性が、無視できない社会正義の風力となり意外性のオバマの逆転の底力となる。

ウオール街のボーナス不当所得のエリートを糾弾し、その金融支援助成金（市民の税金）を庶民階層や大衆社会へと返還させ、零細企業には複数の税制改革で救済し、地域密着の中小金融機関を資金助成して中小企業への貸し渋りを緩和し、住宅ローン返済に困る失業者へはさらなる救済策をなし、高速鉄道建設などの大規模な公共事業を立ちおこし失業過剰地域を救済する。戦後の日本経済の復活過程に似て、中小企業の活性化と国をあげての貿易振興策、技術優位の国家戦略の復活と強化、それに政府の国内金融規制の強化などが足並みをそろえる。だが、それも「政治の建前」とも受けとめられている。

エリート感性は、地位保守と自己防衛で身動きが鈍る。だが、庶民感性は拘束の中にもこだわりのない自由のエネルギーがあり、逆境に生きる活力がある。オバマの心底にある「逆転の底力」とは、大きな建前とは言え、庶民感性の活力であり、それは人間の中に残された野性（自然）であり、動物的精気（やる気）である。

「逆転の底力」は、大学にも求められている。オバマ政権による高等教育の底上げは、大学改革への逆転の底力の根源的要因である。不況の時ほど、未来に向けての教育投資が望まれる。ここに、「逆転の底力」のリズムをつくる庶民感性を先取りして成長している大学を紹介しよう。

全米のコミュニティ・カレッジは、地域主体の二年制短期大学で、職業専門性と一般教養性の教育高度化の制度的枠組みにある。不況対策からの政府助成で短大がいまや花盛り。シアトル都市圏では地域の発展に伴い大学に昇格した短大もある。この種の大学では働く庶民や庶民階層の子弟が、安価な月謝で専門職業と教養基礎を学べる。

このように、アメリカ連邦政府は雇用拡大策を短期的視点ではなく、地域単位で教育の高度化と専門化を通じて、グローバルな社会流動化の促進という長期的視点で見直す。ここに国力をあげての〝庶民感性〟を基軸にした「逆転の底力」の蓄積を感じ取れる。

世界からの留学生受け入れの活性化もそうした国家戦略の延長にある。日本からの留学生も、下から上への「庶民感性の活力の渦」に巻き込まれ、その渦にみなぎる水平的な異文化交流に揉まれて右往左往し、わけがわからないままアメリカの「庶民感性への環境適合力」をつけている。

シアトル大学は、相対的に見てエリート大学の教育特性を持っている。だが、コミュニテイ・カレッジからの編入学生が増えた。特に新興国の留学生がコミュニテイ・カレッジ経由でシアトル大学に編入学してくる。月謝の安い二年制大学で単位を獲得し、その単位を月謝の高い四年制大学に移し替え学費節減が目的であり、同時に大学の高度なレベルへの準備でもある。シアトル大学の学部はかくして、〝不況からの逆説的恩恵〟で生徒数が増加した。

だが、シアトル大学の大学院ＭＢＡコースの方は、学生数が一〇％下降した。その持続維持に他のエリート大学同様に、世界から大学院留学生を集める戦略を考えはじめた。ここに求められる「逆転の底力」とは、アメリカのＭＢＡ教育改革に、グローバル教育、グローバル・ビジネス、グローバル開発をどう取り込むかという課題を抱えている。

それに関連して、アメリカの庶民感性の底上げ効果だけではなく、世界の庶民感性の底上げを考慮した、大学院のＭＢＡ教育の再構築が求められている。例えば、ＭＢＡ教育の未来は、「大衆と富裕」の世界的な構造変革に焦点をあわせて、グローバルなＭＢＡ市場に求めるもよし。ＢＲＩＣｓなどの台頭する国家の中間所得層に焦点を合わせたＭＢＡ市場発見もある。

オバマ大統領の庶民感性を中枢とする「逆転の底力」から、ＭＢＡ大学院の再生をグローバルに再考してみよう。まずは、アメリカのＭＢＡ教育内容そのものへの逆説的な再評価が必要である。その見直しの方向性は、これまでの標準化した制度科学的視点での「経営する立場」からの経営学から、人間臭い庶民感性の社会的正義観に基づいた「経営される立場」の文化的視点での経営学をより重視することになる。

言い直せば、従来の画一された論理よりも、状況的真実に沿って〝経営する・経営される立場〟の経営学をつくることである。長期的、多元的、かつ根源的な戦略思想と経営技法のＭＢＡ教育のあり方が、シアトル大学のＭＢＡ経営者開発や、企業家精神の教育に最近強く望まれるようになった。その方向に沿って改革の論議が今進んでいる。

経営学は管理科学の理論から、生活共同体の起源である草の根型の庶民感性を取り戻すべき時代を迎えている。オバマ経営学の「逆転の底力」は、そのことを示唆している。オバマはその庶民感性をシカゴの街づくりや地域開発の過程で育まれた〝三つのち〟(「血」、「地」、「知」)の融合の論理として磨いてきた。

ここでいう〝三つのち〟の第一の「血」とは人間の血が通う諸民族性、第二の「地」とは住むその地やその場の自然と歴史、そして第三の「知」とは蓄積された人間の知的情報である。この〝三つのち〟を一言でいえば、〝地べたの性質に還る〟「ものごと」や「ことがら」や、そして「ひとごと」である。なにごとにも〝地べたの性質に還る〟内発的発展の開発方法とか、あるいは土着型近代化の論理がある。〝三つのち〟の融合過程が失敗を含め未来を拓く。

「大衆と富裕」が棲み分ける現代のアメリカは、根太い素朴な庶民感性をより純化し、そんな庶民感性を梃にしてやがて急激に、新しいアメリカに変革する。

気高く純真な〝草の根レベル〟の庶民感性は、〝地べたの性質に還る〟内発的発展の開発哲学に転換し、政治、経営、そして大学の栄枯盛衰も含めて、すべてのものにとって「逆転の底力」となる。アメリカでいう市民とは、以上述べてきたような、そういう意味での庶民であり、「持続する良識」である。

23　創造的破壊への〝心の津波〟

(1)　情けない傍観者

シアトル大学の村山研究室からほど近い自宅に、三月一一日の午後三時ごろ休憩に戻る。何気なくTVジャパンを見ていたらNHKのアナウンサーの声が平静を装いながらも上ずってきた。それからまもなくして名取町から仙台空港に通ずる平らな農地と宅地が、薄ねずみ色一色の津波の絨毯で様変わりする。空からのそんな映像を、海の向こうのアメリカ西海岸から呆然としてながめていた。

その光景に「そこには人がいるのだろうか」、「津波を撮影しているのだから、人はもういないはずだ・・・」、と心に言い聞かせていた。だが一抹の不安が残った。その不安はその後真実なものになった。津波のように押し寄せる被害情報は、アメリカの多くのTV局を賑わした。その後の被災者ニュース、そして救済活動への日本の庶民文化に潜む〝思いやり〟精神の発揮、さらには海外からの救援協力活動と、「がんばれ日本!」への義援金活動や励ましの国際交流ネットワークの拡大。私は、そうした日本からのニュースの流れを夢中で追いかけていた。

最近では、復興をテーマにした話題も聴けるようになったが、この春学期の前半は毎日のようにTVジャパンに釘付けになっていた。情けない傍観者でしかない私だが、故郷日本の危機とその未来への不安の心情を、ひたすらつのらせていた。

「東日本大震災」と名づけられた、今回の未曾有の災害は、地震、津波、そして原発事故と重なる、恐怖の三幕劇の回り舞台だった。日本での自然の怒りがつくりだした巨大津波災害と時期を同じくして、中近東でもチュニジアから端を発し、エジプト、そしてその近隣諸国へと民主化運動をエネルギーとする〝血の津波〟を国民自らつくりだしていた。しかも、この〝血の津波〟には、国家の枠組をつくりなおすべく目覚めた市民意識と、大衆個人の下からの創造的破壊への執念がある。

アメリカに住む同僚の教職員や、学生からも、そして親しくしている街の人たちからも、「日本の地震で君の家族はどうしている、大丈夫だったか？」という質問によくであった。シアトル大学に在学中の一日本人留学生（NTT入社予定）も、何かをしなくてはならない気持ちに駆られ、「義援金募集活動」に走り始め、その成果を赤十字に寄付した。マイクロソフト社の元重役さんも、義援金募集のコンピューター化に知恵を絞っていた。ハリウッドで働く日系人三世の女性から、〝千羽鶴〟を被災地に届けたいという相談を受けた。

アメリカから〝眺めていた〟日本の災害は、その実体を実感できないまでも、「悲哀と美談の報道物語」の連続であった。アメリカ国民は、日本人被災者たちの失わない秩序へ驚嘆し、同時にその助け合う地域文化（コミュニテイ）へ尊敬の念を抱いていた。この事実は、最終的に「日本文化の再発見」へとつながり、失わず持続していた〝察する〟・〝分かち合う〟「日本の庶民文化」の確認以外のなにものでもなかった。

平成二三年三月一一日の日本での壊滅的な巨大地震から、その憂いの日々は三ヶ月を超えようとしている。六月のシアトルは冷たさの残る風と共に花盛り、そして心地よい陽射しを迎える季節になった。

そうした折にシアトル大学の私の研究室に三人の日本人女子学生が〝千羽鶴〟を携えて震災被害地のための募金活動にやってきた。先に紹介したハリウッドで働く日系人三世の〝千羽鶴〟の企画とその運動が、形を変えて私の研究室に舞い込んできた。不甲斐なく何もできないでいるわが身への哀れみから、舞い込んだ鶴にわけを問わずに私は飛び乗った。そして、同僚にもその鶴の悲哀を分かち合ってもらった。

大学内の教会では、宗教の垣根を超えて震災慰霊祭を神父さんも坊さんも主催してきた。そのお見舞風景は、世界は一つ、一つが世界の感じの演出であり、シアトルの道で見知る人と出会っても「お元気ですか」「良いお天気ですね」「良い午後を迎えてください」という、シアトルの街の日常性の挨拶風景と変わらないリズムだった。

(2)　災害対応―日米の政治文化のちがい

アメリカでも巨大な自然災害、企業災害はつきない。最近では米国中西部や南部を襲った歴史的記録を残すモンスター竜巻や大洪水の言語を絶する大被害。そして、ＢＰ石油がもたらしたメキシコ湾での石油流出による地球環境破壊の広域的汚染問題。そうした危機管理について、日本政府の対応と較べてアメリカ政府の対応は、著しく日本と異なる状況をこの数年アメリカで感じてきた。もちろん、ＴＶや新聞報道から得られた私の知識に限界はある。

それはそれとしてハッキリいえば、アメリカでは政府責任や企業責任は、災害後直ちにその責任者の顔が見える〝お金の形〟（国民への支払い保障）の「政治文化」だ。その戦略思想は、被害者の基本的人権を擁護し、納税者としての被災市民への指導者の誠実さの自己表現である。その裏の論理は、問題解決を速めた戦略選択が、災害補償を安く上げ、長引きがちな議論を消すことができる。その補償を後回しにすると、より高額になり、補償議論が絶えないとする危機管理への経営効率観からである。

逆に、日本では政府も会社も、責任者不在か責任回避へのたらい回しがめだち、補償や賠償の時期や金額を曖昧にし、補償の遅れへの時間犯罪に無知な、しかも〝法的防衛に逃げ込める〟「強いお上」（災害対応の政府と企業）と、税金を払いながらもその領収書としての「市民的人権」に無知な、しかも〝法的主張の技芸に不慣れな〟「弱い民」（被災者国民）とのあいだの「政治文化」の実在を知る。

史上先例のない今回の原発事故も含めて、地震と津波の災害で液状化しかつ露出した「日本の政治文化」は、上下に格差のある二重構造からなりたっていた。それは「責任逃れの〝いいわけ〟」を特技とする〝上からの〟「政治文化」と、「頑張る〝にんたい〟」を慣習化する〝下からの〟「政治文化」である。

政治と行政、市民と社会、そして企業と産業の既存の枠組みを超えて、新しい枠組みとしての問題解決型統合組織、例えば、専門家の結集や、ボランティアー活動の積極的導入、ＮＰＯ＆ＮＧＯの持続的参加、そして海外からの国際協力などの補完や修正の活力を組み込んで、現代の「日本の政治文化」を再生しなければ、原発事故は問題解決の先送り悪弊の渦に巻きこまれて、地球倫理を犯し、世間に迷惑をかけ、国の存立を危なくしかねない。

「東日本大震災」に輪をかけて、私の実感してきた日本政府の災害対応の稚拙さも同様に大きな疑問として思い起こされる（成田空港問題の平和的解決をめざし、話し合い解決の成功過程を背景にゲリラにわが家を焼かれた体験から）。

日本政府の災害対応を今住むアメリカ政府のそれと較べ、そのちがいの災害対応の特色をまとめて言えば、まずアメリカ大統領の動きが、際立って〝見える・見られる〟舞台の指導者像（救済と再生の象徴）として演出される。そのパーフォーマンスは、災害補償の実行（賠償金支払・救済助成金支払）、復興方針の発表、組織活動の連携と〝見える・見られる〟指令塔や命令系統の説得力である。そして予算手配への戦略開示などについて、すべてに（1）素早い、（2）直接的、（3）関係活用、そして（4）継続的な問題解決への指導者姿勢と危機管理の絶妙さである。

日本の災害対策には、その逆に、その対応が（1）なぜか奇妙なまでに遅く、（2）直接責任を避け、間接交渉を好み、（3）真実情報を伏せ、言い訳の多い関係の錯綜と混乱、そして（4）首尾一貫性を欠く、断続的な問題解決の仕方。その結果、日本は不透明な「政治文化」を世界に発信している。

災害への危機管理には時間が真実であり、その対応の遅れが大きな犯罪であることを、アメリカでは大統領をはじめ、VIP官僚や企業経営者や、そしてすべての災害関係者は相互理解している。そこには、上下関係に甘えがなく、権限と責任の経営学が、行政・社会・企業とを貫いて生きている。その協調の根底には、資本主義の本質ともいうべき市民原理からの「創造的破壊の倫理観」がある。

日本人の賢さは、ライバルからも学ぶ知識欲と吸収力、そして自制力だ。ところが力関係で組織的地位が上昇し固定化すると、権威主義的な管理者は情報を制御し、他を排除し、自己保存への囲い込みを強め、島国根性の集団主義や派閥主義に固執しやすい組織文化の体質になりやすい。

さらにその組織的な文化体質を助長するかのように、政治的に〝つくられた〟地位を擁護する下部集団が形成され、その防御機能あるいは保身戦術への上からの「管理型甘え構造」と、下からの「忠誠型甘え構造」とが重なりあう。

この種の防御機能と保身戦術は、組織内の上下の〝もたれあい〟と〝たすけあい〟の構造で、その良し悪しがあるので、一概に否定はできない。たとえば、今回の東日本大震災で、アメリカから見た日本の美徳は、被害住民の〝みずから〟が「がんばる姿」である。それは地元の祭り行事やマチづくり・ムラ起こしなどの、普段の故郷の地域生活リズムで磨かれてきた相互扶助、もたれあい、察しあう、日本の隠れた庶民精神の現れにはちがいないが・・・。

だが同時に、故郷意識の「がんばる精神」には、〝察する〟能力を所有すべきはずのお上（政治指導者）への、下（庶民社会）からの期待感もある。言い換えると、「頑張れ！・頑張る！」を言葉にした、上下関係や自他関係には、言葉で偽装する心のむなしさが余韻する。そのむなしさこそが、自己の本心や真実の心をつたえられずに「言葉を〝ためらう〟日本人の暗黙知」の共有があり、そこには、他人に迷惑をかけてはいけない、遠慮を美徳とし、恥の文化へのこだわりがある。

その〝ためらい〟の裏の心理構造には、隠し持つお上への不信観のＤＮＡ（文化遺伝子）、すなわち、裏切られてきた「日本の政治文化」への歴史観がある。

だがその反動が、政治や行政指導者のあるべき公共の姿を生活実感から提言する地元住民の決断をつくり、「日本の政治文化」の変革への行動する勇気に転じる。そうした自己変革の過程には、自らの声としての〝内なる〟「頑張る！精神」をめざして、カオスの経験から地べたの性質に還る、草の根で築いてきた〝地域の自主精神〟そのものを、試行錯誤で自己探求し、自己確信する方向をたどる。

このような視点に立てば、「頑張れ！・頑張る！」という日本の言葉には、アメリカで考えられている〝世界の難民〟のように、単純に同情されたくない地域主義の精神と個人の死生観が、カルマ（宿命）とダルマ（悟り）の融合世界として生きている。

(3)　「国民が国家である」

政治家と官僚、そして大会社だけが国家ではない。国民こそが国家である。災害で立ち上がる国民に、その意地が芽生える。

今回の三災害の重なりを通じてアメリカから感じた「日本の政治文化」は、〝察する〟生活共同体の再発見を形にし、同時に、その生活共同体に新しい枠組みの「公共の科学」と「公共の精神」を既存の「日本の政治文化」の中に組み込める可能性への検証機会でもあった。

死んだ親類縁者の魂を背負い、瓦礫社会で被災住民はうつろに明日に向かい生きている。被災した大衆住民からお上政府（政治文化）への、救済、復旧、復興への「忠誠型甘え構造」は、そこに住み育った者にしかわからない歴史的心情であり、前近代的な日本的な民主主義の美徳でもある。

　だが、その美徳へ胡坐をかく国会議員の島国型権力闘争（うちわもめ・あげはしとり・てまえかってなど）や本省官僚の保身型権威主義（わが身大事と責任回避への集団化）を根っこに持つ「日本の政治文化」、すなわち、日本のトップ指導者層の「管理型甘え構造」による地位乱用は、やがて瓦礫社会に死生観で生きる地元民衆の憤りをつくり、また幅広く頂戴した国際協力や国際援助の海外諸国からの日本批判を巻き起こし、天が罰するが如き自然淘汰の憂き目に「日本の政治文化」は間違いなく遭遇するであろう。しかも残念なことに、陳腐化した「日本の政治文化」に代替する〝新しい〟「政治文化」形成への育成基盤が、グローバルに軟弱なことがもっと気になる。

　国家の「管理型甘え構造」に潜む「日本の政治文化」の〝悪徳〟は、純粋にして崇高な国民自らの〝がんばる〟美徳を悪用することに慣れ親しんできた。下部構造の〝がんばる〟美徳を悪用する上部構造は、市民原理の制御機能が欠落した「権威主義の政治文化」と「隠れた派閥社会」に支えられてきた。欧米には、血を流して勝ち取った市民権や、基本的人権、そして機会均等への大衆や庶民の精神的土台がある。日本の政治・社会・文化には、それに代替するものとして、前近代性の庶民文化、例えば上下関係への礼儀を美徳として欧米先進国に対峙してきた。

　だが、その庶民文化は指導者への「忠誠型甘えの構造」を基軸とし醸成されてきたので、市民原理や人権思想に裏打ちされた個人の自律精神や正当な批判精神は育ち難い。そのことが、逆に日本の指導者層にとっては、都合がいいので、暗黙知的な説得価値としての「管理型甘え構造」を与件として、イエムラ型の集団主義（美徳）の悪徳化や悪用の恩恵に浴する機会に〝お上〟（総ての政治家や官僚群と権力組織）は恵まれてきた。

成田空港問題の平和的解決をめざす話し合い解決で得た、私の災害経験の結論は、美徳を悪徳化する日本の政府と官僚の現実との出会いであり、「国家とは何か」という問いかけに帰する。詳細をいえば日本の恥を世界にさらすのでその内容を伏せるが、国家は国民に対して、失敗（悪徳）を消す管理能力と、責任（美徳）を回避する集団体制をしっかり構築仕上げている。そのためには、下部組織や報道機関、さらには法的防御さえも巻き込んで、隠れた力のマフィア的存在である。

指導者が失敗の責任をとることは、その者のエリート地位の将来展望の喪失である。また、その指導者と結びつく者らにとっても、その者の責任回避はわがこととして、保身と出世の機会である。かくして悪徳連帯、すなわち、上の本省から下の町役場までの「管理型甘え構造」がゆるぎなく根を張るようになる。

そうした見識の下で、国民は国家を信頼できなくなる。そこで、国家は政治家や官僚のものだという、「忠誠型甘え構造」の限界や誤った国家認識を痛感するようになる。「国家は誰のものか」、という単純な疑問から出発し、「国民が国家だ！」という自覚が、私の成田空港問題解決への被災実感から渦のように巻きあがってきた。

わが家の焼け跡の残骸処理を、空港反対同盟の有志（熱田派）と近隣の村人（芝山町山中集落）、そして千葉大学村山研究室の先輩やゼミ生が総出でしてくれている風景に、隠れていた真実の日本の美徳、すなわち、「がんばれ！・がんばるぞ！」の〝わかちあう〟生活共同体感性の噴火と燃焼に私は感激した。素早い残骸処理は、心を新しくして、立ち上がる勇気を私たちの家族にくれた。

だがその一方で、約束を反古にして、責任回避にひたすら逃げ回る官僚群に、そして見えては消える不確かな政治に向けて、〝もののあわれ〟や暴力団的権威主義を限りなく味わった。

それでも、親父の責任で借金してでも、しなくてはならない仕事がある。災害経験でその後遺症や気が狂わんばかりの家族の者たちの神経を落ち着かせ、焼け跡に城を建て直し、逃げない自分の学問の意地を明らかにし、世間の動揺や同情、そして風評被害を打ち消す情熱が、親父の私にはみなぎっていた。その底力は、「国民が国家であり、国家とは自分なのだ！」という、自分自身への叫びからであった。

国家に裏切られ、国家を信じない覚悟が、「国民が国家なり」とする市民意識を自らの人生の道標として創出する。おそらく、東日本大震災の被災者の方々は、瓦礫社会の死者と共生し、「自分が国家だ！」という意識転換へとすすむことであろう。そうした方向への価値転換を先取りし、「国家とは、政治家のものではない。ましてや官僚やそして経営者のものでもない」。これからは「死生観で生きる瓦礫社会の一国民が、国家だ！」という信念を自分の中に組み込める〝新しい〟「日本の政治文化」への改革者こそが、塞翁が馬、禍転じて福となす、震災復興のリーダーとなりうる資質である。

(4) 創造的破壊への〝心の津波〟

壊滅的破壊からの立ち上がりには、国民個人の力ではどうしようもない。汚染した土地、水、海水や、膨大な瓦礫は個人では片付けられない。老人や病人は身体がおもうようにならない。ましてや災害経験者しか知らない精神的障害からの立ち直りへの空白時間とその場所や機会、そして生活していく職業や仕事の確保が必要である。

もちろん災害からの復旧と復興への社会インフラの建築には、公共の叡智と統合力が必要だ。だからこそ、個人一人一人が、「国民が国家だ！」という、創造的破壊への〝心の津波〟が不可欠となる。〝心の津波〟は、いまや〝血の津波〟（中近東での市民的覚醒）のごとき精神運動であり、今の日本に一番必要とされている価値の革新であり、日本再構築への行動の瞬間や持続過程である。

アメリカの民主主義の底辺には、〝血の津波〟や〝心の津波〟への常識があるが、日本型の民主主義には、その住民にとって国家や政治文化とは、自分から離れた、違う世界のものとみなして、人権、平等、そして、自己主張の選挙権も放棄し、政治文化への不参加を知的とする未熟児市民が大多数である。

こうした市民不在の「日本の政治文化」を、千葉大学勤務時代の私は、公共の選挙浄化委員会の会長体験から暗い気持で実感してきた。低い投票率、若者の投票不参加、また共感のない政治家を時の流れで選び，総理大臣の首を簡単につげかえることに平然とし、マスコミ情報の意のままに「自己責任を持たぬ日本人」の政治参加が、今のわたくしがアメリカで反省している〝現代の〟「日本の政治文化」である。

自然災害や企業災害、そして政治災害ともみられる今回の「東日本大震災」を、シアトル大学から憂国かつ望郷の念で以上眺めてきた。東京周辺に住むアメリカ人や、日本への交換留学中のシアトル大学生は、アメリカ政府の命令でアメリカ本国へと直ちに引き上げてきている。一人のアメリカ国民にむけてさえ、真摯に責任を持つアメリカ国家は、日本の国家とは異なる情報の透明さを開示し、その説明責任（地震直後の原発メルトダウン事実）を遅れることなくここに正直なものにしていた。

アメリカの災害への国家対応からは、日本の〝つくり隠す〟密室主義の「政治文化」と較べ、真実を公開し、情報共有で危機管理を明らかにするアメリカの「政治文化」があらわになり、その「政治文化」の中枢にアメリカが死生観とする基本的人権の国家主権が感じ取れた。

未来に〝創りなおせる〟方向で、今〝壊してもかまわない〟とする、こうしたアメリカの楽観主義と肯定主義の「創造的破壊の死生観」とでもいうべき市民原理が、アメリカの災害対応に価値内包されている。しかし、このような価値観はアメリカの多文化社会の論理からの帰結であり、日本の〝察する〟上下・水平・斜めの甘えの論理とは、重ならない。

さりながら、緊急の時間管理と空間管理の災害現場では、世界共通の土俵の人間観、世界観、そして「問題解決への管理技術」と「戦略的直感」がグローバル経営としてあるはずだ。

「東日本大震災」を契機にアメリカで再考した「日本の政治文化」の未成熟には、その情報源に必ずしも科学的裏づけを持って証明したわけではないまでも、わたくしの個人的な日米体験的な経緯で、現場の災害対応への遅れの要因を推理し、「管理型甘え構造」の「日本の政治文化」にたいして、ある種の憤慨極まりないものがある。

さりながら、情報不透明で責任不在の日本政府は信じられなくても、故郷に残した女房殿との日本沈没を覚悟で、「国民が国家である」信念を〝むなしさの中の生きがい〟として、わたくしは来月あたり日本へ帰ることにした。

アメリカから持ち帰る日本へのその死生観とは、「人生は総て旅の途中」とし、現代日本の被災者すべてと共に、創造的破壊の〝心の津波〟への参加であり、失っていた自己の中の国家観への目覚めであった。

「国民が国家である」という信念の旗を振り、災害でも変わらなかった日本の論理、地域文化の基層に生きていた日本の叡智、それは、故郷の「地」と、「知」と、「血」の「三〝ち〟」の日本再生の哲学」である。その価値観を道標として、共有し、共感し、そしてグローバルに共振（協働）する〝新しい〟日本を探したい。

「東日本大震災」を、対岸の火事や他人ごととして傍観するのではなく、瓦礫社会のカオス（混沌）からコスモス（美しい秩序）に向けて、自分の脳世界を、「地」・「知」・「血」の「三〝ち〟が調和する哲学」を中枢に組み替えることを、わたくしは今の自分自身に言い聞かせている。第一の「地」（ち）とは、瓦礫社会の土地柄をつくる〝自然や地勢〟。第二の「知」（ち）とは、瓦礫社会の現場にある知識で、現場の〝叡智や直感力〟。そして最後の第三の「血」（ち）とは、瓦礫社会の人間の〝歴史と進化〟

である。

以上の「三〝ち〟が調和する」脳世界をわが哲学とする。そしてその哲学が創造的破壊を信念とするわたくしの〝心の津波〟をつくる。　今や、私の中の〝心の津波〟が自然のもたらす〝震災の津波〟を打ち砕くことなく包み込む。

「自然災害」を包み込む〝心の津波〟に乗って、「三〝ち〟が調和する哲学」を学問するわたくしらの旅は続く。また、福島原発の「企業災害」を超えてグローバル（地球規模）な死生観を学問とする旅に、〝今の生〟を永遠のものとしたい。村山元英は、今シアトルで「故郷ニッポン」へ持ち帰られる自己の中の〝心の津波〟を目覚めさせ、創造的破壊の情熱を滾らせている。

村山になも、〝心の津波〟を自らのものとしてデザインしたい。わたくしらの主張する〝心の津波〟とは、まさに「国民が国家であり、国家とは自分なのだ！」という、創造的破壊の精神である。国民個人が、創造的破壊の精神、すなわち、〝心の津波〟を自らのものにすること。「国家は自分だ！」と断言する個人一人一人の叫びが「東日本大震災」の被害現場からグローバルな自己変革運動をつくる。そうした国民の自覚が〝死に体の〟政府や行政そして会社を造り直す動機となる。「国家は自分だ！」、個人のそう叫ぶ勢いが下からの地域間連帯をひろげる。かくして、各個人の創造的破壊が結集して、「自然災害」、「原発災害」、「企業災害」、「農漁民災害」、そして頑張りようのないむなしい「生活災害」など、そうした悲哀の諸被害からたちあがる日本の仕組みを未来に再構築する。

今回の「東日本大震災」を日本人総てがわがこととし、それぞれが自己再生にむけて、〝自然の津波〃の高さを超える〃心の津波〃の高さを構築し、自然災害に挫けない「創造的破壊の精神」をより強固なものへと磨きあげてもらいたい。日本国家の再生にむけて、願わくばわたくしらもその創造的破壊への〃心の津波〃の流れの隅に加えてもらいたい。国民が国家である！

第7章　リスク経営——企業文化

24　シアトルの多国籍企業の、最近の動向

(1)　はじめに

シアトルに戦前から関係ある日系企業（特に銀行と商社）や商店経営（各種サービス産業と小規模事業者）はあらゆる面で、中国系・韓国系企業のシアトル進出と競争関係にある。

水産業に的を絞って言えば、シアトルはアラスカと直結する流通の優位から日米間貿易だけでなく、第三国での相互貿易をめざしている。例えば、東南アジア諸国との水産物の相互取引を拡大しているので、そのおかげでシアトルの街ではインドネシア産の海老にありつけ、ジャカルタの街ではアラスカ産の蟹が食べられ、そして東京浅草の金太郎（寿司屋）でも、その海老も蟹も食べられる。

アメリカの自動車ビッグスリーの中でフォード社が健全なのは、ボーイング社から移った社長が立派だからだ。彼は自社の自動車総てに乗り、ワイパーが全部違うことに気付く。そこから部品の標準化に

徹底的に取り組み、コストダウンに成功した。社長は「現場」（グローカルな生産性と社会性の〝場〟）を知らないといけない。　職場の〝場〟にグローカルな魂を込めたフォード社は立ち直った。

(2)　ボーイング社

シアトル大学で、地元の大企業の経営者講演が月に一度開催される。その講演シリーズの中で、「ボーイング民間航空機製造会社」のジェムス・アルバウ社長（ボーイング社の執行副社長を兼務）の新機種787号機開発の話を先日聞いた。

全体製品の組み立て部品の八割までが、中国、カナダ、ブラジルでの外注生産で、その部品と技術については、ボーイング社のスタッフのほうがより高いレベルの技術知識を所有しているという。

日本との関係では、かなりの提携関係があるのにもかかわらず一言も触れず、日本の会社の接待の素晴らしさにだけ驚嘆する。「ゆがんだ日本理解」を面白くしようとする、よくありがちなアメリカ人の「知的体験の限界」をこの社長講演から感じとれた。講演の内容を結論づければ、「リーダーシップとイノベーションの組み合わせ」の強調だった。印象に残った話は同社からシアトル大学への企業派遣の月謝や寄付金はこれまでの総額二〇億ドル（約一六億円）とのこと。

ボーイング社に今年入社した、教え子も同席していたので、今の君の社内での仕事は何かと尋ねたら、「技術者に仕事を速めるようにお手伝いする仕事だ」という返事だった。その言葉にボーイング社の官僚性組織も感じ取れたが、その改善への新入り社員を活用する大胆さにも、この会社の遊び心のゆとりを同時に感じとれた。

二〇〇九年の秋学期のことだが、ボーイング社に勤務する私のＭＢＡ学生の話が気にかかる。「ボーイング社は四年後には生産拠点をすべて中国に移転するかも知れない」と言う。「技術とコストと安全」にこだわるボーイング社は、中国にその可能性を将来みいだそうとしているのだろうか。ボーイング社の長期戦略の卓越した科学的手法を知る者として、この話は興味をそそる。

ボーイング社は、シアトルでの賃金上昇と生産コスト高、そして政府規制の問題に直面した。そこで新しい戦略形成を必要としてきた。特に、シアトルのボーイング社の労働組合は賃上げへの強い力を持っている。

そこで労働組合問題のない、賃金コストの低下をのぞめるアメリカ南部地域のサウス・カロライナへ事業部を移転し、また、本社をシカゴに移し変えた。会社の戦略的な地域移転やＭ＆Ａによる社員の強制移動は、人間や社会の本質にまつわる企業の社会的責任から乖離するものとして、ピーター・ドラッカーは否定的だが、ボーイング社はあえて組合対策で会社移転の戦略を採用した。

その結果同社のサウス・カロライナ移転は、アメリカ南部地域の技術水準の不適性に悲鳴をあげた。また、シカゴへの本社移転は、同社が最も重視する関連技術の法的整備と法的防衛のためであった。最近のＮＰＲラジオ報道では、ボーイング社は、サウス・カロライナからシアトルに戻ってくるとのことである。その真意はシアトルでの技術優位と高い勤労意欲のアジア系土地柄にあるようだ。

前述した如く、ボーイング社は海外生産からの部品調達率は八割だが、国内調達率は、そのあとの二割にすぎない。ＯＥＭ（特別仕様発注）や社外生産（アウト・ソーシング）について、ボーイング社は合理的な世界情報ネットワーク網を構築している。

生産と技術との関係で言えば、同社は技術の会社で、本国社員は技術者のみでよいと考えているむきがある。そのことは、逆に世界最高水準の技術を開発し、持続させて、航空機産業における他の会社の技術面での追従を許さないという信念からである。

ということは、生産の海外移転を通常言われているような、国内の雇用機会の海外輸出という意味には、ボーイング社の海外展開にはそのまま当てはまらない。考えなくてはいけないことは、国境を超える技術者の交流である。インド系や中国系、そして韓国系などのアジア系技術者は、アメリカと母国との境界を設けていない。いわゆる、先に紹介した新しいコンセプトのＴＴＴＣ（Transnational Technology Transfer Community）、すなわち、「国境なき技術者集団」である。世界の技術が宇宙ステーションでドッキングするように、同社は世界の「最高技術の中枢センター」をめざしている。

もちろん、中国で７８７号機をつくる可能性は、「最高技術の中枢センター」の中国移転ではない。先端技術への政治外交的な同社の管理体制の上で、中国でのボーイング７８７号機の現地生産への決断をするであろう。グローバルな生産・市場・技術・人的資源の地の利を戦略的に直感し、ヨーロッパ系のエアバスなどと比べて、コスト安、納期の問題解決、学習効果、技術メリット、そして先頭出発の優位性などの効果を、ボーイング社は求めている。そのために、時代変化を取込んだ中国を含め航空技術先進国との戦略的同盟を使い分けている。

(3) マイクロソフト社

話の筋道を、次にシアトルに本社のあるマイクロソフト社に向けるとする。「会社が大きくなると、つぶれる恐れがある」。「マイクロソフト社もその未来が危ない」、と言う声は社内にもある。独占的利潤の技術先端性が失われるからである。

同社のウィンドウズが儲けの九割を占めている。マイクロソフト社には一〇年前から携帯電話への市場進出のチャンスが社内にあった。だが、携帯電話の新製品には予定利益が少ないので、同社は新市場に踏み出せなかった。そこにアップルが挑戦してきて、新市場を開拓した。マイクロ・ソフト社には既存の利益があると、その既存技術と既存市場にこだわり、次の先端技術を持ちながらも、大胆に踏み出せない経営姿勢に問題がある。そうなると企業の存続は危ない。そういう意見を、マイクロ・ソフト社創立期とその隆盛期の旧重役（ロン細木さん）から聞いたことがある。

マイクロソフト社の創立者は、奥さんと一緒にグローバル（地球的視野）の「ミリンダ・ビル・ゲイツ財団」をシアトルに設立した。ビル・ゲイツの呼びかけで、世界の資産家が個人財産をそれぞれ半分出し合い、政府に代わって第三政府的なＣＳＲ（会社の社会貢献）をしようとしている。こうした動きも、格差社会是正への自由なアメリカの一つの現れとして理解したい。その話を、友人のキッコーマンの茂木友三郎君に先日伝え、日米の新しい絆づくりの一環で、「日米ＣＳＲ同盟」の発想で考えてもらうように提言しておいた。キッコーマンを育てた千葉の経営方式には、小さな企業家でもイエ意識の集団結束で、規模の限界を克服する昔ながらの寄附金集めの知恵がある。

話を、二〇一〇年にアメリカで起きたトヨタの会社文化とその危機管理の問題に飛躍させてみよう。

(4)　トヨタ・リコール問題

トヨタの社長はリコール問題でアメリカ議会の公聴会で精神的に叩かれたあと、自社のアメリカ本社や販売店へと場を移し、トヨタ一門の関係者の前で感動の涙を流した。「経営者が人前で、しかも、アメリカで涙することは、いかがなものか」ということがシアトル大学の教授間で話題になった。シアトル大学の韓国系の教授は「武士道に反する」と嘆いていた。ドイツ系の教授は逆に、パッション（共感）として良かったと評価していた。

トヨタのリコール問題はトヨタの企業文化のローカル性の問題で、「トヨタが世界だ」という思い上がりに、お灸をすえられたのではないだろうか。その反省から、「世界がトヨタだ」という姿勢に戻り、虚構ではなく本物の力をトヨタはアメリカで発揮し始めている。

つきつめて考えると、アメリカでのトヨタ・リコール問題は、大きな社会問題にまで発展したが、会社トヨタの問題だけではなく、われわれ日本人が無意識にする「日本人固有の人間観」（大きな組織は正義である）と、通常のアメリカ人が同じように無意識にする「アメリカ人固有の人間観」（小さな個人の自由と人権意識）のちがいが問われた問題だった。

私はシアトルで、事前準備せず自動車運転免許の試験を受けて落ちた。日本での運転に自信があったのだが・・・。アメリカの最初の学科試験で落ちてしまった。その試験問題の内容は、割り切った言い方をすると、「人間の命の大切さ」と「個人の基本的人権」に関わる質問がほとんどだった。

日本の交通規則にない「人間の価値」への基本的な問題意識を問いかける出題傾向のアメリカに、「アメリカは自動車の国ではなく、人の国なのだ」ということが最後に本気で理解できた。それに比べると、「日本は自動車の国で、人権は不確かな暗示で不明瞭、しかも人間優位よりも規則先行の国だ」。

(5) 鳩山元総理大臣の創造的破壊へのリーダーシップ

鳩山元総理も、「日本の官僚制批判や基地移転問題の解決」を政治の歌い文句にするよりも、「偽りのない基本的人権」を政治改革と社会変革の旗印にして、日本の世直しをできなかったものだろうか。彼がアメリカ留学で学んだ一番大切なものは、「自由と人権」だということを忘却していたのかもしれない。アメリカの真理は、基本的人権の下に政治家も官僚もいることだ。

アメリカの大学の博士課程を学ぶ者にとって、その〝場〟は専門研究に専念せざるをえない狭い世界がある。アメリカの政治の本質が、①狭量の派閥ではなく「個人の自由」であることと、また、②イエ・ムラ意識の〝お上（かみ）〟依存型の住民ではなく、自律する死生観の「人権の市民」であることを鳩山さんが米国留学で学び実践する余裕がなかったことも、同じ立場に立てば理解できる。

官僚制問題と基地問題の根底にある、「責任ある自由と揺るぎない人権」を、トヨタも鳩山さん同様に、本格的に気づかなかった。わたくしも同じ心境で、アメリカの自動車試験に落第した経験を今大切にしている。「知っていることは、知らないこと」、ということも改めて知った。

試験に落ちたことが癪に障ったのでアメリカの自動車試験の受験準備に猛勉強し、二度目の学科試験は満点だった。しかし、実地試験は八一点で、八〇点合格点への一点差でやっとのことで合格した。そこでの反省は、日本から持ち込んだ自信のあった運転能力がアメリカでの自信ある腕前ではなかった。日本で運転するように車を運転してはいけない。同様に日本から持ち込んだ〝錯覚と曖昧な〟か細い「自由と人権」で、アメリカの強かな「自由と人権」を操作すれば身の破滅となる。

アメリカの自動車試験に落ち、その後かろうじて実地試験に合格できたわたくしのシアトル人生は、グローバルな経営規範としての企業文化や企業倫理の根底に「自由と人権があること」を、そこでの失敗から確実に学んだ。だが、その「自由と人権」とを、日本へどう伝えることができるか。それが問題だ。ましてや、日本には、アメリカとは違う、言葉にしない「心の中の自由があり」「世間に迷惑をかけまいとする、遠慮と暗黙知の人権がある」。

(6)　〝石橋〟(シャッキョウ)としての自由と人権

面倒くさくて、厄介な日中米の話を「能」の『石橋』の人生観と世界観に移し変えて議論を進める。日中米にそれぞれ内在する「ローカルからグローバルへの〝虹の架け橋〟を、〝石橋(シャッキョウ)の架け橋〟に変換する(transform)ために、企業、行政、社会をつなぐ、「自由と人権」を再認識する課題に多国籍企業は直面してきた。

私の考える〝石橋〟（シャッキョウ）としての「自由と人権」は、異文化の中の人間に好奇心を持ち続け、好き嫌いの人間分別に惑わされず、相手の心の中の鏡に映し出されている自己もわきまえ、世俗の総ての「縁」（生命の営み／生きているリズム）の根源と対話できるマネジメント能力である。「能」の中での『石橋』とはこの世とあの世との架け橋である。比喩的に言えば、企業文化の対話能力とは、見えない「自由と人権」の価値と話せるセルフ・マネジメント（自己経営）の能力である。その見えない価値を〝見える化〟することが、もう一つの「自由と人権」の人間の姿形である。その姿形は日本の古典芸能「能」の『石橋』が伝える世界観・人生観に通じるものがある。

アメリカの表現芸術ともいえる、見えない「自由と人権」を言葉にし、行動に様式化する人間の姿形は、まさに匠の専門職水準である。一方、日本のそれへの職人芸は、仕事の結果や作品で評価されるので言葉たらずのところがある。それはそれとして美徳である。

だが、「言わない／言わせない、見ない／見せない、聞かない／聞かせない」の三猿像に象徴される「企業と行政と社会の一体的国家構造」は、「能」の『石橋』にみるグローバル精神の日本を欠き、アメリカが求める「自由と人権」の指導者像や企業ブランドからも遠のいた存在となる。言い換えると、わが日本の「自由と人権」への曖昧な精神と、稚拙な表現芸術は、アメリカにとって理解に苦しむ日本の国民文化である。

多国籍企業の幻想に生きてきた東京電力は、福島原発事故により、幻想の「自由と人権」を表出させ、同時に、「企業と行政と社会の一体的国家構造」の基底となる統合的な価値「自由と人権」に無知な日本を露出した。日本の会社も政府も国民も、「自由と人権を知っている」、「日本の自由と人権は、欧米のそれとは違うんだ」、という幻想の驕りは瓦礫となった。そこで未来の日本の多国籍企業は、生命の根源に立ち返り、世界規範の「自由と人権」の企業文化、社会制度、国づくり、そしてそれらを言葉や行動の形にする表現芸術化を、行政と社会を巻き込んで新しくつくりかえなくてはならない。

25　トヨタが学ぶ創造的破壊の契機

(1)　〝壊れない〟会社文化

「壊れない車をつくることが、トヨタの会社。」その言葉は会社トヨタとの縁で世代を超えて録を食む者たちの共通言語である。そう教えてくれたのは中京大学の大学院ＭＢＡコースで学ぶ豊田・岡崎・刈谷地域からのトヨタ関連の社会人学生たちだった。私は千葉大学定年後の七年間、尾張・名古屋で教えていた。そして今は、太平洋の対岸シアトル大学で教えている。ここ米国で感じたトヨタとは、壊れない車の技術問題だけではなく、〝壊れないトヨタの会社文化〟についてである。

アメリカ議会の「リコール問題公聴会」で、豊田章男社長はその番頭役・稲葉良睍（北米トヨタ社のＣＥＯ）と、ハリネズミのように防衛一筋に徹し、多くの手を使えるキツネの攻撃をかわした。ギリシャ哲学にある「防衛は攻撃に勝る」教えをトヨタは忠実に実現したが、その教訓はトヨタに限らず総ての会社戦略には防衛優位の哲学で〝壊れない会社文化〟が不可欠だということであった。「トヨタの会社文化」は、壊れない車以上に、土壇場と正念場で〝壊れない会社文化〟の実在を良くも悪くもアメリカ議会の公聴会で証明した。なぜ「トヨタの会社文化は壊れないのだろうか」。

私は日米間の架け橋となる〝グローバル規範〟の可視化を今回の公聴会にひそかに求めていた。「社会的正義」という名の〝グローバル規範〟が、国際ビジネスの世界に問われてきたからである。

話は飛ぶが、日本でも、アメリカでも、黙祷（サイレント・プレイアー）という儀礼がある。リコール公聴会のはじめに日米文化の架け橋の黙祷があればと私はこれまでの経験に沿って期待した。アメリカの高速道路でトヨタの車で亡くなった者が三四人いる。その原因究明において、運転ミスか電子設計ミスかを特定できない技術論が終始する。だが、会社文化は人間社会と科学技術との融合であり、死生観のない科学技術論と人間社会論はいただけない。

地霊・祖霊信仰は科学信仰を超えて日米両国にある。公聴会の場で最初の黙祷を日米は怠った。アメリカで黙祷の儀式を切り捨てたトヨタは、さらに謝罪に頭を下げる日本文化の儀式も切り捨てた。その上に、アメリカの文化を使い分けて、お詫びへの首を垂れることもしなかった。「郷に入れば郷に従う」ご都合主義は、アメリカ庶民が〝期待した日本の歌舞伎〟とならなかった。

「心からご冥福をお祈りします」との発言が、豊田章男社長から数多く発せられた。有能かつ冷静な通訳はその言葉を淡々と訳した。日本でよく見る儀礼化し形式化したお詫びへの誠意の姿勢がアメリカに持ちこまれていた。日本ではこの種の儀式には被害者から寛容と情緒ある対応を促す効果がある。だが、この日本的儀式は、ウオールストリート誌によると、公聴会の舞台での豊田章男社長を〝弱り果てた歌舞伎役者〟として締めくくられた。

ある女性議員は怒りを押し殺しながら、「補償をどうするのか」とせまり、ある男性議員は「アメリカ人を殺す気か」と答えを求められても、その返事は「ご冥福を祈ります」の一辺倒。アメリカでは答えにならない日本の儀礼で体をかわす社長の傍らには、徳川二七〇年の礎となった三河武士のごとき稲葉良覗重役が小声でサインを送る、「返事は簡単に」と。そして、稲葉重役は追い詰められた主君をかばうかのように、「補償の問題は法律の問題として対応している」とボソッと発言。

ここにはじめて、日本の暗黙知の「お詫びの儀礼」がアメリカの形式知の「法律の儀礼」とつながる。日本では頭を下げてお詫びすると、心が通じる。そして法廷から示談へと補償問題は解決する。だが、アメリカではお詫びの姿勢は罪を認めたことになり、補償金をよりふっかけられる。かくして、トヨタの会社文化は、お詫びの誠意と演技を通じて「情的配慮」と「法的履行」の二股道を使い分ける。

国会議員主導による公聴会そのものはアメリカの民主政治の現われで、議会に参考人として召喚されたとしても、日本の議会のように犯罪者をつくりだそうとする偏りがない。公聴会の黒人議長は、今回の政治公聴会の開催と閉会の辞に繰り返し豊田章男社長のボランティア参加の勇気を称賛しかつ感謝し、そして今回の公聴会が豊田社長への強制召喚でない旨を強調していた。

だが、高速道路の生命安全への公聴会全体の流れの中には、参加議員たちの内心を彷彿とさせる利害関係も浮き彫りとなり、議員たちの地域的立場が読みとれた。困ったことにトヨタのイメージが日本のイメージと重なり、議員たちの日本批判か日本支持かの両方向が鮮明となる。そこには選挙を前提とした政治的演出効果の意見主張が様々多様にあった。

たとえば、以前アメリカで横行した〝日本叩き〟の風潮は様変わりし、命を落とした地元住民支援の話には浪花節調の説得力があった。逆に、地域への経済貢献や雇用確保で日本讃辞のトヨタ擁護議員も少なくなかった。それはそれとして、トヨタ・リコール問題をアメリカの汚職問題、技術独占、官民癒着、顧客信頼などにそれとなく関連させて、抜本的にアメリカ経済の改善を意図する発言には、アメリカの国会議員の国家利益への忠誠心や愛国心もそれとなく感じ取れた。

それでも、公聴会参加の一部のアメリカの議員の日本批判は大衆主義のステレオ・タイプを脱せず、アメリカ国内にローカル化したトヨタ社のグローカル（グローバルとローカルの合成語）経営の現実を確実に理解していなかった。考えさせられたことはアメリカで日本批判の火種を消す日常の危機管理のあり方である。たとえば、「グローカル戦略」である。これまでのロビー活動と企業ＰＲ運動の効果だけではなく、「トヨタはアメリカの会社だ」という企業市民の会社ブランドの構築を、職場環境のグローカル化（Glo“cal”）とＣＳＲ（会社の社会的責任）の地域見直しから求められている。

日本でもそうだが、アメリカでも地域が状況的真実を共有して会社を護る。トヨタも地域と一蓮托生のグローカル経営（グローバルに考え、ローカルに行動する）を経験してきた。だが、外に持ち出されたトヨタの会社文化がローカルで、その生産規模拡大がグローバルで、会社文化と生産現場をつなぐ人材育成の速度が企業成長と較べて不均衡だという理由を、アメリカでは言うべきでない。アメリカの正義は、時間の正義で、時間の中に真実がある。リコール問題の時間的対応の遅れが、アメリカを含めてグローバルな大衆の市場感性、民主主義の基本的人権、そして資本主義の企業家精神に反したからである。

公聴会で、豊田社長は自らが中心となり、安全の技術をめざした組織改善を誓い、稲葉氏はトヨタの技術陣への絶対的な自己確信を吐露した。日本を知るアメリカの知的市民は謙虚に振る舞う章男社長の背景にあるトヨタの巨大な経済力と技術力への恐怖と憧憬を改めて感じていた。シアトル大学の若者は、今回のイベントを運転中の車が道路のバンプ（凸凹）に出合ったようなものとみなし、この種の政治的イベントに慣れっこになっている。一般市民は芝居見物の気分でトヨタ社長の舞台途上を待ち構えていた。公聴会での発言議員はトヨタの社長と共演の歌舞伎を演じ、世に知られる政治家としての名演技を目論んでいた節もある。

日本の報道関係は、アメリカでの報道と較べて比較的控え目の記事か、大きく扱わない文章で今回のトヨタ・リコール問題を処理していたところがある。それに較べて、世界放送のＣＮＮはトヨタの車も宣伝するが、トヨタのリコール問題も大々的にする。不思議な感じだが、肯定と否定の二つのトヨタの顔を同じＴＶ局が流していた。後手に回ったトヨタの危機管理は、トヨタの社会貢献を伝えるＴＶコミュニケーション戦略を広げるが、その信用回復には市場心理の流れを変える忘却の時間がいる。

(2) トヨタ歌舞伎への期待：社長の涙

古典芸能の歌舞伎の本質で公聴会を斬ってみると、トヨタの壊れない会社文化がもっと深く理解できる。歌舞伎芝居には、動と静のリズム、悪玉（赤つら）と善玉（白塗り）の対比の面白さがある。公聴会の前座を務めたレイ・ラホード運輸大臣は、議員とのやり取りに傲慢な態度と荒々しい声で動の悪玉役を演じていた。その荒事のあとに、報道関係者や一般市民はさらなる荒事の豊田章男社長を頑丈なトヨタ車のイメージで期待していた。だが、トヨタ社長は荒事よりも和事の情緒に訴える世話物の演技に終始していた。いわゆる、動のラホード運輸大臣と静の豊田社長のコンビがおもわぬ動と静のリズムの芝居構成となった。激情するラホード大臣の強気の姿勢は公聴会参加の議員に侮られまいとする大臣の誇りのようでもあり、議論上手の腕前でもあった。

歌舞伎の本質には、親が子を殺し、子が親を殺すがごとき、残酷にして「崇高なる愛」を教える人間（顧客）の感動がある。また、主役が悪役を立てると、悪役が主役を立ててくれ、そして観客（顧客）がもっと湧き上がるという「役者論語」がある。今回の公聴会歌舞伎には残念ながら、主役と悪役が噛み合わず、私はこの二つの歌舞伎の面白さを拝見できなかった。その理由は日本の歌舞伎文化は世界に通じる面白さがあるが、日本の会社文化には世界の面白さにならない欠陥がある。

会社の製品と技術の欠陥は論じられても、会社の文化の欠陥は論じにくい。文化は固有なもので比較すること自体まちがっていることも真実である。しかもトヨタの会社文化とトヨタの技術中枢思考との切り離せない関係は企業史的に理解できる。だがトヨタのグローバル・ビジネスへの肥大化は、日本のローカルな会社文化そのものが、即、グローバルな会社文化としての強制力を持つ危険性を抱え込んでいる。言い換えると、トヨタのグローバルな技術優位が、トヨタのグローバルな文化優位と重なら ない場合への危機信号がある。というのも、トヨタのローカルな会社文化は他者否定と唯我独尊の傲慢さで、独自の歴史を規範化して、自己本位の利己主義の塊となりかねない。

米国公聴会で感じた今のトヨタとは、壊れない車ではなく、〝壊れないトヨタの会社文化〟である。反省すべきことは、公聴会歌舞伎が「政治家が国民のために生命を護っている」という教科書（グローバル規範）を残したことである。だからこそ、トヨタは自らの意志で〝壊れないトヨタの会社文化〟を、グローバルな会社文化に高める機会に目覚めるべきである。

日本文化、そしてその会社文化の欠陥とは何か。日本文化と、そしてその会社文化のグローバル化はあるのだろうか。ローカルからグローバルへの過程において、〝グローカル〟経営は何を正義とするのだろうか。こうした問題提起を今回の米国議会の「トヨタ・リコール問題公聴会」は投げかけた。明日のトヨタの会社文化の新たなる能力は、その問に答えられた時である。その時のトヨタの会社文化は、トヨタのクルマを醜の中にこそ実在する真の美の芸術作品へと高めている成果かもしれない。障害が高ければ高いほど日本、そしてトヨタの技術と文化は、二つが一つ心身同体で世界への架け橋となる。豊田章男社長は、そのことを今回の公聴会で学んだにちがいない。彼はアメリカの変わらない顧客と取引先、そして社員に感謝して涙をこぼし、自分だけの歌舞伎をつくり先祖に捧げた。

その涙の物語には、トヨタの車すべてに豊田家の戒名が見えない精神として刻まれている。〝壊れない会社文化〟のトヨタとは、その組織の中枢に神格化した豊田家しかなく、そこには社長の地位をめぐっての社員の権力争いは起こらない。何もない空っぽの中枢構造の神秘をめぐって騒げる面白さの世界的渦が巻いた。そのことを世界に知らしめたのが、律儀で素朴、そして節約と勤勉を旨とするトヨタの番頭型重役陣とそのスタッフたちである。かれらは、日米の国際ブレーイン集団やプロフェッショナルらと協働して周到に準備した豊田家—トヨタ社の連合歌舞伎の台詞と舞台回し役を舞台裏で演じていた。

最後に米国議会の公聴会から学べた日本発の会社文化論の一方向を結論にしたい。それは、主役、脇役、悪役の区別なく、全てのプレーヤー／リーダーがそれぞれの死生観のグローバル信念を貫くアメリカ版『勧進帳』構築への提言である。弁慶、義経、富樫の「勧進帳役者」は全て死を前提として、全てが主役となり〝生きる人間力〟を訴えている。トヨタの会社文化とその製品・技術に死から生への〝生きている感動〟の教科書『勧進帳』を盛り込んでもらいたい。肥大化による官僚化の弊害の死と平行して、生の感動を〝新しく価値とする〟会社文化の路線がトヨタに甦ることを期待したい（二〇一〇年二月二六日）。

(3)　騒がぬ日本と諌める米国

米国議会でのトヨタ・リコール問題公聴会は、日米関係について新しい視点を暗示した。二〇一〇年三月八日の第三回目の公聴会にはトヨタ本社から内山田竹志副社長（最高技術担当取締役）、佐々木真一副社長（最高営業担当取締役）それに北米トヨタの稲場良晛社長が出席。その脇には米国政府の「高速道路交通安全局」（ＮＨＴＳＡ）の最高責任者が臨席していた。

公聴会をとり仕切る議長は、バージニア州選出のロックフェラー下院議員で質問者は下院の商業委員会所属の国会議員たちである。豊田章男社長が出席した第二回の議会公聴会（同年二月二八日）と較べて、全米各地を代表する議員たちのトヨタ社への質問は、事故原因と補償問題をめぐってより核心的かつ辛らつを極めた感が残る。それでもトヨタが雇用の面で地域貢献する州からの議員はトヨタに味方する感謝の弁を惜しまなかった。

米国公聴会には暗黙のルールがある。それは「召喚された参考人は質問に答えたくなければ、答えなくても良い」という意味合いである。だが、多くの議会公聴会を実際に拝聴していると、参考人には三つのD、即ち、「Deny」（否定）・「Deflect」（逸らす）「Deceive」（偽る）の攻防戦が戦略的に慣行化している。極論すれば、本音と建前の振幅を日本以上に大きくしかも多様に揺り動かせる自由がアメリカにある。

事故原因の究明はその場で明らかになるはずがない。技術の専門家はトヨタ側で、政治の議員には先端的な技術問題の議論には歯が立たない。そこでの逃げ場は第三者機関による技術検証である。「高速道路交通安全局」（ＮＨＴＳＡ）では、人的資源と技術力に限界があり、南イリノイ大学のギブソン教授の電子システム事故の検証にはトヨタ側に疑問がありとする。そして最後の納得できる技術的事故証明の落しどころが、米国科学院や米国宇宙局（ＮＡＳＡ）の科学・技術力への検証依頼となった。

なぜかくまで事故解明にこだわる理由はと問われれば、その答えは簡単で、日本では未成熟な運動と制度だが、アメリカでは百戦錬磨で磨いてきた「消費者保護」の一語に尽きる。基本的人権は消費者の権威も抱え込む。消費者の権威が民主主義の基本原理であり、それに合わせて資本主義の競争原理を支える民衆の論理であることも忘れてはならない。ましてや、そうしたアメリカの消費者運動とその制度化は「官」から完全に独立した、「民の第三の政府的」な存在である。

ただ、気にかかることが一つある。技術担当の内山田副社長が米国公聴会に出席後、日本での記者会見で「クルマの設計や試作などの開発プロセスを見直す考えを強調」（日経新聞二〇一〇年三月一六日）。この種の発言は米国公聴会では一言も無かったし、「技術的問題は断固ない」と言う姿勢を貫かれていたので、大変な矛盾を感じたのは私だけではないだろう。トヨタ社が米国議会公聴会でアメリカの一般市民からの納得と理解をえられなかった最大の理由は、「事故原因そのものへの改善姿勢」であり、「事故処理の今後のあり方」とは基本的に異なる分野の問題認識ではなかっただろうか。日本での発言とアメリカでの発言を使い分けることへの危険が潜む。情報グローバル化時代は日本と米国とを瞬時に知識共有させる。ゆめゆめ、油断めさるな！

第三回目の公聴会となると、攻める議員の手法も変わってきた。限られた時間内で地元住民の事故への補償金問題を確実に獲得するためには、生命安全の一般論でトヨタ批判をするよりも、個別の補償論理で状況説明し、公聴会のあとでも事故補償についての交渉継続の手続きの話を結論に持っていく。なるほど、アメリカの議員さんたちは地域住民に対して地べたの性質に還り、顔の見える政治を確実にしている。

事故補償金の裁判手続きをめぐって各州の弁護士が競い合っている。首都ワシントンに一〇〇名を超える法曹関係者が集い合議する中に、カリフォルニア州は、GMとトヨタとの合弁会社NUMIの歴史的基盤を梃子にして、その法的手続きの先頭出発的地位を得ようとする。それに輪をかけたようにサンジエゴでは高速道路で自作自演の車故障もどきの演出者も現れた。

金持ちトヨタを標的にした業務開拓は危機管理ビジネスである。米国の情報媒体もトヨタ社の反撃を活性化する。TVのコマーシャルではトヨタのレクサス販売が三年間無利子のローンを繰り返し流している。ウオール・ストリート・ジャーナル誌は、トヨタ社は膨大なリコール問題対策費を準備していることを報道する反面、「トヨタは補償金問題には法的防衛を固めている」とも報道している。これまでの日本企業の妥協的態度にみられない、強い法的姿勢のトヨタの顔が見え隠れする。

トヨタ社はアメリカ市場だけを考慮した危機管理ではない。日本では逆に売り上げが政府の環境対策を組み込んで上昇している。中国・インドでは、多少の品質問題はあっても買えることの意味が優先し、その市場がどんどん広がっている（やがて数千万台の市場になる）。そこでは、いろんな人が、いろんな知恵を出し、失敗を繰り返しながら、成長している。このダイナミズムの中に身を置いているトヨタの社員は、トヨタのリコール事件にも、「何騒いどんねん」、と言いたくなるかもしれない。

(4) トヨタへの議長提言―アメリカが望むトヨタの経営改革―

公聴会の議長特権を駆使して、ロックフェラー議員はかなりの時間をかけて公聴会の締め括りをした。苛立つ議員の質問にまともに答えないトヨタ社の重役にむけて諭し、かつ諌めるように、アメリカ側からのトヨタ社への意見と要望をまとめた。その要点は「〝開かれた〟トヨタをつくりなさい」ということである。「外国人指導者をもっと登用しなさい」とも提案していた。

また、日本の政府がアメリカ政府同様にリコール問題に適正に応答しない問題批判も口にした。議長は元日本留学組で、日本への大局的な理解があると同時にその批判精神も旺盛である。生命安全に関する消費者保護の問題は政府指導であり、民間からの解決できる問題ではない。日本の政府と企業とのもたれあい関係や甘えの構造に鋭い批判と提案の言葉を諌めるように説いていたのが印象的であった。

話をアメリカでの豊田章男社長のTV出演に移そう。彼はCNNのラリー・キング・ライブに特別インタービューに出演した。拝見していて、司会上手なラリーの巧みな質問に答えて、補償問題にはさりげなくいつものように体をかわし、それでもかれが〝微笑み〟をこぼした瞬間が二度あった。その一は、「マスコミ嫌いで、シャイな豊田社長がアメリカのTV出演した感想は?」と問われたとき。苦笑しながら、「これからはもっとマスコミに顔を出して、消費者と交流することの重要性を今回学んだ」と結んだ。その二は、「豊田社長が普段乗っている車はなにか?」という問いには、わが意を得たりという笑顔で「二〇台ぐらい、研究のために」と勢いよく答えていた。

豊田社長は、トヨタ企業文化の個性であり。まじめで、善意にあふれ、垢ぬけしない古い日本を表現していた。また、純真で、よそ見せずまっすぐに育った、現地・現物主義の「豊田家の御曹司ここにあり」、というメッセージを世界の聴衆に感じさせた。「トヨタの車にはわが家の名前がある」という部分の発言だけは、一番強い印象として残った。〝イエ継続〟に対する執念と、〝会社持続〟に対する情念が今回の「トヨタ歌舞伎」のアメリカ公演での最大の説得力だった。

豊田章一郎名誉会長は、以前こういうことを言われていた。「トヨタが世界だ！」は間違っている。「世界がトヨタだ！」でなくてはいけない。グローバル組織となった時に、タイムリーなアクションができない。組織が肥大化したときの危機管理が必要だ。トヨタに限らず、グローバル企業と言われる日本企業は、こんな事態を乗り切るカギとなる海外での情報網、人脈、広報渉外のノウハウなど充分蓄積されていない。もっともトヨタは、幸か不幸かこの問題が顕在化したので、〝お得意の問題解決で〟なんとかして行くに違いない。トヨタの社員たちはそう信じている。

最後に、通訳を必要とする日本のグローバル企業の経営者の英語能力の問題がアメリカで話題になった。日本企業と英語能力の関係は、企業規模によってちがうが、日本発のグローバル企業にとって、中途半端な英語力は災いとなる。「英語力」と「文化力」そして「職業力」の三つが共時化しているグローバル人間はなかなか探せない。せめて、Bi-Languages ＝ Bi-Cultures ＝ Bi-Professions の〝ゴールデン・トライアングル〟の日本人群像を探しているが、この三拍子そろった日本人はいるはずだが、どこかに隠れている。

トヨタは英語問題に迷いがない。英語はあくまでも、トヨタの技術問題の範疇である。「社内のスポークスマン」としての技術者か、あるいは「社内のアドバイザー」としての技術者か、その両者で成り立つ技術的語学力がトヨタの英語世界である。現地・現場・現物・現業・現実の最先端での英語能力はその場の交流技術であり、協業（Teamwork）への分業（Individual）の役割期待である。トヨタはこれまで日本人社員向けの多くの語学教育の成果が企業の指導者能力と結びつかない不幸を十分わきまえているので、社内での語学力は職場の仕事能力や技術優先の次元に押し込められている。

言い換えると、真の国際交流能力（〝ゴールデン・トライアングル〟日本人像）を社内で育成することをあきらめ、そうした人材を別世界のものとし、社内では求めようとはしなかった。それはそれなりに、最も合理的で実践的であり、説得力のある英語活用の日本型メーカーの論理である。というのも、アメリカのＭＢＡ大学で日本の若者や社会人を教える機会もあるが、「バイ・リンガル」（二重言語）と「バイ・カルチャー」（二重文化）の均衡する日本からの人物は稀有の人材である。日本文化も米国文化も曖昧にできる若いアメリカがまだ残っているからかもしれない。だが、マイクロソフト社には、なぜか〝ゴールデン・トライアングル〟人材が育っている。

それはそれとして、トヨタの英語能力は日本の社会全体、そして日本の教育の基本構造が変化しない限り本質的には変わらない。リコール問題解決への本質的行動は、一、「直ちに解決すること」、二、「直接会って解決すること」、三、「関係を通じて解決すること」、四、「継続的に解決すること」。以上の行動四原則をトヨタは組織のグローバル再構築過程で、どのように危機管理の新しいコミュニケーションを英語化しかつ情報技術化（ＩＴ）するのだろうか。

また、トヨタでは「グローバル技術／職業」としての英語能力から、「グローバル指導者／経営者」としての英語能力への方向をどう育成・革新するのだろうか。ご存知のように英語は常識として世界言語になっている。日本の指導者や経営者が英語をしゃべれないことに、TVを見るアメリカの大衆は驚く。この問題認識は将来のトヨタ経営にかぎらず、日本人指導者全体の問題として、日本の国際教育の原点に立ち返り真剣に受け止めるべきこととしたい。私も再度覚悟して、世界を知的（論理的）に説得させる「日本人の英語力」をもっともっとつけなくてはいけないと反省している。英語力を外部技術化した「井の中の蛙」に甘んじず、「〝ゴールデン・トライアングル〟人間像」の夢を追い、島国根性や閉鎖社会からの脱出への危機管理に精進したい。

日本の未来を憂う米国在住の一日本人研究者は、今後のトヨタに期待する。危機管理に強いトヨタの底力を、「世界がトヨタ」／「世界英語もトヨタ英語」の道標に向けて、なにものにも負けずに発揮して、今後とも変わらず日本経済再生の魁となってほしい。トヨタの会社文化の〝ミラー（鏡）効果〟（模倣的創造）が世界を動かすものと私は信じている。（二〇一〇年四月五日）

(5)　反省する色：幸か不幸か

その後のトヨタ・リコール問題についてのアメリカの世論は、「トヨタに反省の色なし」、否、「トヨタに反省の色あり」と分かれる。全世界に九〇〇万台のリコール宣言をした〝その後の〟トヨタ社の誠意は、過去の遅れたリコール報告の不誠意をなかなか消せない。その苦悩を打ち消す戦略は、新しい広報戦略である。TVのコマーシャルで、販売実績を上げてきたように、最近ではTVコマーシャルで「過去の色を消す」アメリカでのトヨタ商法がさらに一段と勢いを増してきた。

幸か不幸か、アメリカ政府はトヨタ・リコール問題の大騒ぎで、安全規制を強化できることになった。『ニューヨーク・タイムズ誌』はそう報じている（五月七日）。前述の上院商業委員会（J・ロック・フェラー委員長）と、下院エネルギー・商業委員会（H・ワックスマン議長）が協調して、自動車メーカーへの安全管理を徹底した製造と報告の標準化を強め、同時に、標準化対策への課税制度と、そして報告違反などへの罰金を明らかにした。議会と経済界との間でこの問題を棚上げにしていた過去を反省してか、強い顔の政治と行政が、経済界（自動車業界）を押しまくり始めた。これからは原則としての企業からの事故報告ではなく、直ちに事故報告義務となり、制裁をともなう行政の監視が世論を背景に数段強まった。もちろん業界を代表する議員側からの反論もないわけではない。

トヨタ社にとって、安全への標準化はすでに終わっている部分もあるが、問題は通称「ブラック・ボックス」の解読である。これは、事故記録の自動装置でトヨタ社はその解読に数種類の方法を開発してきた。しかも、前述したように外部組織からは読み取れないので、監視側の政府機関も苛立つ。技術の公開と非公開の問題をめぐって、日米間における、「企業の技術防衛か」、「消費者の安全保護か」の議論がその底流にある。議会公聴会のあとも、この問題はくすぶっている。

トヨタ社にとって〝鬼よりも怖い〟『消費者リポート誌』の親会社である「消費者団体のためのワシントン政策審議会」（アミ・カデイハ会長）は、今回のトヨタ・リコール問題は、これまで解決できなかった米国の高速道路運転の安全監視を確実なものへと舵取りできる、〝幸いなる触媒〟という位置づけをしている。行政や民間の消費者団体にとって、「禍転じて福となる」、というトヨタ社への感謝とも受け止められてきた。

だが、傾聴に値する「事故対応への遅れ」へのもう一つのトヨタ批判は、日本本社に意思決定を仰ぐ現地子会社の経営事情である。この種の問題は海外日系企業につきものの一般的批判である。現地会社の異文化関係の組織問題だけではなく、本社と現地会社との間での信頼関係の希薄性が事故処理の遅れの原因とみなす。この種の問題認識と、日系企業がアメリカ人登用への差別をするという視点からでもある。こうした日系企業へのアメリカ世論を、米国政府行政と民間の消費者団体は代弁している向きもある。トヨタ社は、こうした世論を厳粛に受け止めてか、異文化を取り込む経営人事の国際流動化を定期的配置に組み込み加速し始めた。

以上、これまでトヨタ・リコール問題について、アメリカ側からの視点を、日本的理解に向けてアメリカ世論の流れに沿ってまとめてみた。アメリカの世論の流れには、政治や経済そして行政を超える良識があるので、研究者として〝アメリカの世論〟とその〝良識の動き〟を無視できない。時として、マスコミがつくる世論を上回る「大衆の良識」がアメリカの世論の中にある。その大衆の良識とは、「車より〝人の命〟である」。アメリカで自動車免許の試験で合格する条件は、それぞれの個人が人の命の大切さを頭（日本の教育）で知るのではなく、心身全体に「アメリカは〝人の国〟で、車ではない」という良識を刷り込むことである。（二〇一〇年五月九日）

締め括りの哲学——あとがきに代えて

最後に本書を締め括る哲学とのお付き合いを願いたい。本書を脱稿してからその後の私の中の哲学も確認したい。

本書がテーマとした「破れない〝二つめ〟の卵の殻」とは、創造的破壊への悲哀の追求である。その悲哀の延長で超越的に問題解決ができる。〝破れなかった〟「二つめの硬い殻」がついに破れたとき、そこには、人間の中に残された野性、すなわち、動物的精気との出会いの感動がある。

その動物的精気とは、死と生のパラドクシカルなリズムを悲哀から感動へと転換する生き方である。「自己が変われば、世間も変わる」という人間生来の楽観主義と実践主義が、動物的精気の経営哲学である。アメリカも日本も区別しない人間起源の動物的精気が、日本と世界を変革し、また、文明を進化させる。

哲学や論理を考えなくても、動物的精気のあいまいさを日々是とするロマンが、変わらない人間ドラマの連続を作り出す。あえて言えば、「悲哀に鈍感か、悲哀を超えないと」、人間どこにいても生きている喜びがなくなる。

「破れない〝二つめ〟の卵の殻」とは、このように〝人生総て旅の途中〟と動物的精気で覚悟するけてきた。

自己が変わるためには、「変わらない自己」と「変わる自己」との間に身体的（ここでは心身的という意味）な融合のリズムがあることに謙虚でありたい。別な言い方をすると、自己の変革や進化をめざすとき、「一つが二つになり」、また「二つが一つ」になるように、生きている感動を形にする身体的な融合のリズムを自覚することである。この身体的な融合リズムを「異種交流」や「陰・陽の論理」や、「相対性の真実」などと一般化することもできる。

それはそれとして、私の経営哲学は、コスモロジカル（生態論的な生命連鎖）の思考を下敷きにして、〝人生総て旅の途中〟のリズムを基軸にする。「破れない〝二つめ〟の卵の殻」もそのリズムの中の一現象とする。

言葉を変えて言えば、この本を貫いている私の経営哲学を、「二元的一元論」（身体的一元論）とか、あるいは、「グローカル〝場〟の経営論」（グローバルとローカルの融合の論理）や「創造的破壊の経営学」として読者に理解してもらいたい。

難しい論理を並べるよりも、最近シアトルで感じている人間現象を紹介して、以上の経営哲学をわかりやすく説明してみたい。

物語その1　ジェミーのホンモノ寿司嫌い

私は、シアトル人生でAT&Tのアイホンを携帯電話として使っている。私担当のジェミー（白人女性、三〇歳前後）は、携帯無知の私をこれまでよく面倒みてくれた。そこでお礼に寿司をご馳走したいと誘ったら、「日本流のホンモノ寿司は嫌いだ！」「アメリカ流の寿司、〝カリフォルニア巻き寿司〟だったらいい」という返事。日本人の私がホンモノ寿司を正義とする理由は、アメリカ人のジェミーにはない。アメリカの「亜流の寿司」と日本の「本流の寿司」との間に融合のリズムがあるのだろうか。ジェミーもわたくしも、自分の寿司への断固たるこだわりがあり、起源と変容の両リズムについて日米文化のへだたりがある。その確固たる自信の違いに愕然と驚く。彼女には、ホンモノ寿司への憧れもなく、むしろホンモノの寿司は気味悪く、嫌悪感さえもたらす。あえて言えば、亜流化したアメリカ寿司が、彼女にとっての好ましい、愛される寿司であり、日本文化の主張はご免こうむりたいという感じである。

そういう彼女は、アメリカ型のドライな感性とは別にニッポン型のソフトな感性を奇妙に組み合わせる。それはAT&Tの社員訓練の成果か、生来のホスピタリテイ精神なのか、どうもさだかではない。後で再度考えたい。

物語その2　日本からの若者、本場の「カリフォルニア巻き寿司」を注文する

シアトル大学村山研究室の助手・葉室頼俊君（甲南大学出身）から聞いた話だが・・・。神戸から友達が夏休みに彼を訪ねてくると、シアトルの寿司屋で最初に注文する寿司はなんと「カリフォルニア巻き寿司」。アメリカ在住五年の彼もそれには驚いていた。〝アメリカ発の〟「カリフォルニア巻き寿司」が日本に上陸して一般化し、日本の寿司となりきり、そしてまたアメリカへ故郷がえりする。寿司職人に国境がない以上に、寿司そのものに、変化する自由と国境なき自由がある。

「カリフォルニア巻き寿司」に日米共通の味感をさがせば、〝ぬるぬるした〟湿った味覚であり、マグロがアボカドとマヨネーズとおなじになる。〝ぬるぬるした〟「粘菌文化」を孤独な文化人類学者の南方熊楠は「日本の自然と融合する日本文化の本質」と定義したが、適度の「ぬるぬる感性」は世界共通の味覚かもしれない。

ドライの中にウェットがあり、ウェットの中にドライがある。ドライなアメリカ文化がウェットな日本文化と生態的に融合する理由は、ドライなアメリカ文化に隠れているウェットの生態的要素を、ソフトな日本文化が呼び覚ますからともいえる。日米を超えて味覚についての「ぬるぬる感性」の世界がある。それでも「ぬるぬる感性」が強すぎる〝納豆〟（日本の国内文化の象徴的事例）はアメリカの大衆文化としては好まれない。

ワシントン州やオレゴン州でも松茸などの茸（きのこ）が豊富に採集できるので、アメリカにも「粘菌文化」の下地がある。しかし、日米の「粘菌文化」はそれぞれ異なる。一般化して言えば、「日本型粘菌文化」は〝納豆〟に象徴されるように〝ぬるぬる感性〟を、〝引きずる粘り〟がある。一方、「米国型粘菌文化」はマヨネーズに代表されるように〝甘さの切れる〟加工感である。

それはそれとして、「カリフォルニア巻き寿司」のグローバル化物語は、「人間の中に残されている野性」とでもいうべき、〝ぬるぬる感性の〟（「粘菌文化」）の実在の証明である。もし〝標準化できる〟「グローバル文化の可能性」があるとすれば、「カリフォルニア巻き寿司」の世界化現象に光をあてて、人間の味覚の誕生起源を追いかけることである。

そこでの発見はおそらく「動物的精気」（人間の中に残された野性）の人間発見である。生態起源的に人間を知ることが、グローバル文化の構築への道標を提示する。「カリフオルニア巻き寿司」の世界的共有状況を、単に「ぬるぬる感性」（「粘菌文化」）として片づけることなく、「グローバル化・即・人間起源」の図式で、グローバル新時代の現実を意識してもらいたい。「カリフォルニア巻き寿司」は、そうした意味での「グローバル文化の可能性」を〝見える化〟にしているので、この現実的真実を軽く流せない。

物語その3　寿司客の風景変化が伝える、国籍・階層を消す「寿司文化」

今から五五年前のニューヨークの話である。コロンビア大学のそばのアムステルダム通りに、「安芸」（AKI）という名の日本レストランが、フルトンの魚河岸で捨てていたトロを仕入れ刺身としてくれた。生の魚を食べない当時のアメリカの習慣の恩恵で、留学時代の茂木友三郎君と私は、「安芸」でトロに気軽にありつけた。

その後、ニューヨークの都心に寿司屋ができはじめ、白人の若い女性を中心に上層階級の白人が寿司を食べていた。その理由は、美容と健康食、そして寿司職人の動作で眺めて食べる贅沢にあった。寿司はかくしてフランス料理と同じに格上げされた。

それから半世紀後のシアトルで街の寿司屋の風景は変わった。「花」（HANA）という名の日本人が共同経営する寿司屋には、インド人も、ベトナム人も、そして中国人も、また、スイス人もスエーデン人も、いろんな人種の外国系アメリカ人が家族連れ、友人と、そして孤独に寿司カウンターを楽しむ。もう日本からの「寿司文化には国籍がない」。まさに寿司の大衆化の時代である。

寿司を「物」や「人」としてのローカル・レベルではなく、「寿司文化」としてグローバル・レベルでこれからは位置づけたい。「寿司文化」のグローバル化に〝バイ・カルチャー〟の「新時代の到来」を私は予測している。言い換えると、世界のグローバル潮流は、「寿司文化の世界化」に象徴されるように、「ピラミットのボトム・アップ時代」への自覚である。

下積みにあった人が、上にのし上がってくる変化が、新しいグローバル時代である。例えば、世界に通用するグローバル文化となる「寿司文化」の底流には、揺れ動く日本の家族文化と地域文化や、そして国民文化の積み上げがある。

その事例を一つ紹介しよう。ロサアンゼルスの日本人街は過疎化し衰退傾向にあった。そこに韓国系の寿司屋が多数誕生してきて、日本人街の風景が変わりはじめ、その変容を危惧する日系人もいる。だがそこに一軒「浜寿司」という名の日本人板前の寿司屋には客が列をなす。私もその列の一員となり長らく待たされる。そこにウクライナ系の不動産屋が家族連れで私に言葉をかけてきた。「この店の板前は全員日本人だということを、おまえは知っていて行列に並んでいるのか・・・」。ありがた迷惑な忠告だと聞き流したが、考え直すとアメリカでの寿司客が、寿司の大衆化の流れに沿って、「本流の寿司文化」(日本人系)と「亜流の寿司文化」(非・日本人系)の流れを経験的に差別化し始めた。その差別化能力の変革時代をどう解釈したらよいのだろうか。

「浜寿司」の板前は、非・日本人が真似できない日本人の職人世界の残留をさりげなく言葉にした。一方、融合の亜流(非・日本系寿司文化)は、アメリカの寿司大衆化の流れに沿って〝寂れた〟日本人街の活性化に貢献していた。そして、さらなるその反転として、「亜流(非・日本)の寿司文化」が、「本流(日本)の寿司文化」を強める貢献としても再評価できる。「浜寿司」の店内総てのカウンターを取り巻く客はすべて〝文化度の高そうな〟白人だったのが印象的だった。

かくして差別化に生きる「本流の寿司文化」は常に文化の高度化レベルで新しく甦る。単純化していえば、〝国際交流の架け橋〟となる世界観とは、日米関係に限らず「バイ・カルチャー」と「マルチ・カルチャー」の〝融合を肯定し〟、同時にそれぞれの歴史起源と地域の素顔を価値内包する「ナショナル文化」と「ローカル文化」の〝本質を内外に肯定する〟ことである。言うならば、「寿司文化」の本流と亜流の二重構造のスパイラル関係を生態論的に理解し、二つが一つ、一つが二つの「グローバル過程」に光を当てて、グローバルな競争的共生構造への発想転換が求められる。

「浜寿司」の〝変わらない日本〟と「日本人街」の〝変わるアメリカ〟との両極の振幅に〝持続する信念としての〟「寿司文化」が、揺れ動いていた。そこには、パラドクシカルな対立矛盾の自己同一過程、問題解決への中範囲思想、そして「その場の正義の探求」という課題が目に見える形として発見できた。

物語その4　「親孝行したいときには、親はいない」。トミーは鹿児島へ帰る。

トミーは、鹿児島生まれの「ワン&ハーフ」である。私の行きつけの地域一番のパブ・レストランで〝プロのバーテンダー〟として働く三〇歳の好青年。シアトルに同化している彼は、通常のアメリカ人と変わらない。今年から週末だけ働き、一念発起して人生を変える努力をしていた。その結果、妹と一緒に生まれ故郷の鹿児島に還る決断をした。そのわけはと聞けば、「親孝行したいときは、親はいないから」との答え。それは、「誰の言葉か?」と重ねて聞けば、「母親の口癖だった」と返すことば・・・・。

白人の父親と日本人の母親の間のバイ・カルチャー人間のトミーが、たどり着いたアメリカ青春時代の結論が、日本への帰国とは何を意味するのだろうか。彼がこだわる日本とは、母親の教育にはまちがいない。シアトルにはそんな迷いのない日本の伝統文化とイエ意識が持ち込まれていた。

シアトルに長年住む彼は白人社会を知りつくしていた。シアトルは白人の多い〝白っぽい〟街である。〝白っぽい〟シアトルの街とは、白・黒・黄の混じり合うマンハッタン（ＮＹＣ）の大都市と異なり、相対的には〝混りあわない〟都市の未成熟さを残す。かくして、トミーにとってのシアトルとは〝もう一つの〟「巨大な田舎」（〝白っぽい〟こと）といえる。

トミーはシアトルに住む日本人社会にも深い知識を持っていた。ここのアジア系移民文化もそれぞれのお国の故郷（田舎や都市）を伝える。ということは、シアトルのアジア系移民は、それぞれのお国の子孫も含めて故郷文化を持続させてきた。その典型的事例が、シアトルの下町・「国際地区」（現中国人街、旧日本人街）に一〇〇年を超えた暖簾を残す日本レストラン「まねき」の評判の故郷料理（居酒屋料理・めし屋的料理）である。

トミーは、〝白っぽい〟田舎文化や、あるいは〝古いニッポンを残す〟故郷文化のシアトルに住みながら、ある種の満たされぬ苦悩に生きてきた。鹿児島には、ホンモノの田舎文化や真実の故郷文化がある。

ふるさと鹿児島には、自然との繋がりはもちろんだが、それにもまして、暗黙知の信頼関係がある。その暗黙知には、持続する地域の心の繋がりや、消えない家族の絆がよかれあしかれ連綿と続く。彼はシアトルでの職場人生に渦巻く政治的意図の合理性や、持続しない人間信頼に疲れていた。

「日本に還り、親孝行を決断する」トミーの日本選択は、縦社会の日本とどう向かい合うのだろうか。彼の水平型思考は日本が受け入れるだろうか。そんな不安とは別に、ホンモノの日本の田舎文化や心の故郷文化を夢見て彼は妹と日本へ還る。

アメリカの競争社会に生きてきたトミーは、白人中心の職場での異文化関係で自己主体性の確認に苦しんでいた。アメリカ型職場関係につきものだが、組織の上司は言葉を巧みに操り、大きなゼスチャーで温かく部下を包み込む振りをしながら、内心では部下を戦略的な切り捨て突き放す特技を隠しもつ。

トミーに対する上司の戦略的な人的資源経営は、彼の知識を吸収、己れの地位と交渉力の持続、自己利益の状況判断と管理責任、そして無意識の人種差別である。そうしたボスと彼の人生の葛藤がトミーにあったようだ。トミーの善良さは、裏切られても、裏切られても、裏切りを心よしとしない日本の田舎社会の〝隠しもつ〟人間関係の肯定的信頼関係である。

肯定的な信頼関係でしか生きられない文化的遺伝子が、トミーの隠れた日本人魂である。見せかけの信頼関係で日本人の善良さを意図的に操作するアメリカは、本来の強いアメリカではなく、他者依存へと逃避するアメリカか、または、絶えず流入し定着を求める外国のなせる業である。グローバル化の遅れたアメリカはときにはその者たちに振り回されている哀れさもある。

貧しくても、言葉にしなくても、人間関係の信頼を文化遺伝子とする日本を慕って、トミーは妹と日本へ還り、人生を新しくする。継続も真実だが、断絶からの再生も真実である。トミーの「親孝行」とは、〝自己主体性の再生〟という意味である。親孝行への決断が、故郷の一本の木から世界の森を見るように、ふるさと鹿児島で彼の宿命の絆から、〝日米間の架け橋〟の人生をより生き甲斐のあるものにするにちがいない。

ただし、その逆も真理である。シアトル生まれのK子はトミーと同じ「ワン&ハーフ」だが、シアトル市立の短大で料理を勉強し、今レストランでシェッフをしている。シアトルで結婚しそこに生きる決断を彼女はした。近所に住むお年寄りの日本婦人（「大城カラオケ教室」の古参会員）が、K子の結婚相手の紹介に骨を折る。K子の生きる主体性は、アメリカにある。アメリカの家で日本語を話し続けた母親が、アメリカにいるから彼女はアメリカに生きる。ここにも、創造的破壊の悲哀をシアトル人生とする「親孝行」の別の顔がある。

話を変えよう。シアトルの日本総領事館の総領事へ初めて挨拶にでかけたとき、「推薦状」をお持ちですかと、門前払いされたことがある。また、シアトル大学でも教育研究費を上積みするのに「推薦状」が求められた。そこで多くの推薦状を日本の関係者から頂戴した。この機会に感謝の念をその方々に捧げたい。それはそれとして、日本で通用する村山元英が、アメリカでは存在しないことを実感した。そこで、世界に通用する自己探しがここに謙虚にはじまる。

九〇歳で学問の気迫を持続する三戸公先生（立教大学名誉教授・中京大学名誉教授）が、村山元英のアメリカでの学問する気構えとして、「寺小僧の謙虚さ」を教えた。「寺小僧の謙虚さ」とは、酒好きの村山元英にとって、酒を飲むときの「〝怒らず〟」、「〝威張らず〟」、「〝腐らず〟」の「三〝ず〟主義の精神」と同じでもある。「三〝ず〟主義の精神」が、シアトルで当初その名の通用しない村山元英の自己経営に大変役立った。

話しを元に戻そう。〝日米架け橋〟をグローバル人生とするものにとって、日本での業績をアメリカへと伝える媒体が不可欠である。例えば、マリナーズのイチロー選手のグローバルな「一流の媒体性」は、次の通り。①メジャーリーグでの野球、②シアトル都市の魅力、③マリナーズ球団（組織）への帰属、④個人記録の連続的栄光、そして最後に⑤日本人であること。

スポーツのイチロー選手は、多元的な報道媒体の一流性に恵まれた〝日米架け橋〟であり、グローバルな存在である。だが、日本から学者の村山元英は、日本で積み上げた業績があるとしても、その業績はシアトルでは未知なる存在である。

日本からの同じプロでも、イチロー選手と較べて村山元英はアメリカではしかるべき媒体もなく、一部の組織関係でしか通用しない、限られた世界の架け橋人間である。それでも〝日米架け橋〟の媒体性は、二つある。それは「日本人であること」と、「シアトル大学の教授」であること。

ということは、以上二つの媒体性を基底にして、日本で「一流になる努力」をアメリカでも繰り返し、アメリカでも「一流になる努力」をすることである。その努力に日本でのパターン化があれば、国内パターンの海外応用であり、そのアメリカ的展開はごく自然なものとなる。もちろん、若さと情熱、そして体力が絶対的に不可欠だが。

「一流になる努力」には反省もある。アメリカでの成果を先にして、日本での成果をその延長として位置づけた人生の方が、〝日米架け橋〟としての媒体的効果が強い。村山元英の弟子（千葉大学村山研究室五期生）の小田部正明君は、アメリカでも日本でもマーケティングの専門分野ではグローバルに知られている。村山元英が、アメリカでの学位を優先することを千葉大学時代の彼（アメリカでの人生選択に適する）に英語能力も含め徹底的に厳しくたたきこんだ成果である。

もう一つの事例は、コロンビア大学の日本文学研究者のドナルド・キーン名誉教授が、アメリカから日本へと国籍を最近変えた。日本在住を定年後選択して、日本文学の媒体性をキーン先生はよりグローバルに高め深める。日米関係の架け橋的存在を彼はアメリカで築き、老後は日本へ拠点を移したのである。

「米国ブランド」の方が「日本ブランド」よりも優位である。国家ブランドの選択について戦略的な知恵の話を以上した。だが、村山元英は、劣位の「日本ブランド」から優位の「米国ブランド」をめざす逆の不利な戦略をとった。

この三年間、シアトル大学の村山元英は後回しとなったアメリカでの業績づくりに生きていた。その生き方は、日本の村山元英と米国の村山元英とが等しくなる内発的発展の努力である。その内容はここでは省くとしても、ここにも時間と場所を基軸にした、「二元的一元論」がある。

「失った時間と場所を、新しく得た時間と場所と等しくする」。この哲学が、国際人の哲学である。その方法論は、失った長い時間と異なる場所で磨いた「一流の識見」(「超越的に現象に潜む実在と本質を理解できる直感力」／supreme transcending vision)を下敷きにして、得られた短い時間と新しい場所を「奥深く評価し感動と共に生きる能力の確認」である。絶対的な時間（Time）と場所（Place）の概念を、「一流の識見」の時間と場所概念で測り直そうとする魂胆がここにある。

その魂胆の根源には、「過去」と「現在」の二次元を融合して、一次元的な「未来」を構築することにある。〝見えない〟「未来」を〝見える化〟にする。「過去」・「現在」の二元性を結び、「未来」を一元的に洞察する構想力がこの方法論の特色である。質的研究方法論の現実直感と歴史感性がここでは意味がある。

もう一つの方法論は、「過去」・「未来」の〝見えない〟あとさき（後先）の世界を、〝見える〟「現実」から直感的に洞察できる能力（動物的精気）の開発である。「過去」は未経験な世界であり、「未来」は予測できない世界だとすると、向かい合う「現在」の現象的事実をその基底で解釈し、現象の奥底にある〝見えない〟「実在と本質の世界」を知覚する。

振りかえり自己点検するとき、〝人間の中に残された野性の〟「動物的精気のアメリカ」は、見えないものごとを見える形にする実在であり、その実在を掘り当て、その実在を解釈する学問が村山元英の「経営人類学」そして「国際経営学」にみる価値論と方法論であった。

結論を言おう。日本から動物的精気の「一流の識見」をシアトル人生に持ち込めば、制度や国境を超えて動物的精気の日本人が生きられる。日米に限らず、動物的精気の個人は「創造的破壊のリズム」を止めない。

「あとがきに代えて」、もう一つ本書の真意をつたえたい。本書は〝随筆風〟かつ〝評論風〟の経営学である。その方が、世間にありがちな「借りものの理論」や「お決りの文献」に依存せず、自由な経営人類学／国際経営学を、自らの意志で構築できるからである。随筆と評論の経営学をまとめる過程には、一流の出会いの機会がある。その出会いには感動があり、やる気への瞬間が秘められている。本書にもその種の秘話がある。

神田学士会館での「経営文化フォーラム」の会長で、阪和興業株式会社の北修爾社長（元通産省）からの薦められた講演の機会は、わたくしをアメリカで〝考える芦〟にした。法律の国際的権威・木川統一郎先生（元中央大学法学部教授）や、自然と人間とを結ぶ名手の川戸雅貴氏（元千葉県教育委員会会長）、そして変革と成長を持続する「大正琴・弦蓉会」の会主・小林弦蓉さんらからの執筆要請は、わたくしにさらに〝悩み考えるロダン〟を期待していた。

出会いに学ぶ秘話がもう一つある。破れない〝二つめ〟の卵の殻を破って生きてきた山口政五郎さん（旧千組、現一区十番組の元組頭、江戸消防記念会元専務理事）の生き方である。義理と人情と、そして痩せ我慢の江戸町火消しの伝統文化に身を捧げ、そして職人文化の悲哀を超えて生きる「縁と粋の精神」をわたくしは彼から学んだ。

最後に、自画自賛の村山元英をお許しいただきたい。三戸公教授の推薦で経営行動研究学会（菊池敏夫会長）の平成二三年度の年次大会において、「アメリカでのピーター・ドラッカー像を探る」の報告をさせてもらった時の話である。会場にいた八六歳の一老教授が、「先生の本は、一冊を除いて全部読んでいる」とわたくしに語りかけてきた。一瞬驚き、返す言葉を失った。アメリカの学会では老若男女の先生が、私の論文や著書を読んでいる、引用している、と近寄り声をかけてくれるが、日本ではその言葉を正直期待していなかったので、ただただ驚いた。文眞堂さん曰く、「先生の本を密かに読んでいる学者はいる！」。

東京都心の街の本屋からそれとは別の話をきいたことがある。「電通と日経さんが、先生の新著を最初に買いに来る」。同じかもしれないが、米国や世界の国際学会で研究報告するとき、上昇志向のインド系学者らが私の報告に必ずくる。「理由は新しいコンセプトを盗めるから」と大胆極まりない。電通、日経、そしてインド系経営学者らは、日常の職場リズムに「創造的破壊のコンセプト」を競争的に模索しているにちがいない。

今年の夏休みも、学問の恩師・中村常次郎先生の墓参り（秋田市・東福寺）をニューヨークからの「村山にな博士」と一緒に終えた。四五年前の村山元英の処女出版『アジア経営学入門—東方の文化と経営の接点』を故・中村常次郎先生が監修してくれたとき、先生は、「この本が世に出ると、日本の経営学の流れが変わる」と断言された。本書・村山元英・村山にな共著の『創造的破壊の経営学——破れない〝二つめ〟の卵の殻』の出版も、そうあってほしいものだ。

平成二三年九月一一日

甲南大学での日本経営学会第八五回大会での
「米国の経営、世界の経営」の研究報告を終え、

村山元英
村山にな

Off Campus Program

October 24, 2010 (Sun)

Location:　Seattle Koyasan Buddhist Temple
1518 S. Washington Street
Seattle, WA 98144
206-325-8811
http://www.koyasan.org/KoyasanNA/northamerica.html

12:00 PM　SKD Kai Kyoko' song dedication at *Koyasan*, Seattle at a memorial service for '*Otokichi,*' the first Japanese to arrive at Cape Alava, the westernmost point of Washington's Olympic Peninsula, in 1834 after drifting in a rudderless wrecked ship, for 14 months across the Pacific Ocean.

3:00 PM　'*Chirimen Zaiku*' Class at Koyasan in Seattle (Handicrafts Construction Using Leftover Silk Materials for Eco-Living)

5:00 PM　Introduction of Shoujin Ryouri—a type of vegan cuisine that was developed by Japanese Buddhist monks

Cultural Skills Class

'*Chirimen Zaiku*' Class from Ichikawa City

Sewing and Piecing Together Leftover Silk Materials for Eco-Living

Dates: October 23: 9:00 am to 5:00 pm
October 24: 9:00 am to 11:00 am
Place: Pigott Atrium, Seattle University, 901 12th Ave, Seattle WA

'Chirimen Zaiku' **Class from Ichikawa City:** Head Master: Aiko Tanaka, President of Ichikawa City Cultures Committee

Her Disciples: Ranko Shimura, Mikako Sugidaira, Minori Uchida, Fumiko and Yoshiaki Yamaguchi

'Chirimen-zaiku' is a traditional arts and crafts developed and fostered in old Kyoto to make various artistic products, such as small dolls and gifts by utilizing daily, mostly silk materials of used or cast off kimono. These skills and cultures will be transferred from Ichikawa City to the Seattle community via the special training classes held in Seattle University. These skills and art works also relate to the concept of 'small is great' and the ecological life styles developed over 1200 years of Kyoto culture. The *'Chirimen Zaiku'* class will be conducted in participative face to face communication and is a skills transfer opportunity for those who are interested in grass-roots popular cultures.

Presentations and Display of Environmental Research in Water Improvements

Next Generation: Energy Born in the Orient / Changes in Water

Toshiharu Fukai, President of FUKAI Environment General Research Institute CO., LTD.

http://www.fukaisouken.jp/en/

深井環境総合研究所㈱深井利春社長の環境問題発表コーナー

Presentation: 10:00 am–10:45 am on October 24 (Sun)
Pigott Auditorium

Display: October 23, 2010 (Sat): 9:00 am–5:00 pm
October 24, 2010 (Sun): 9:00 am–11:00 am
Location: Pigott Atrium

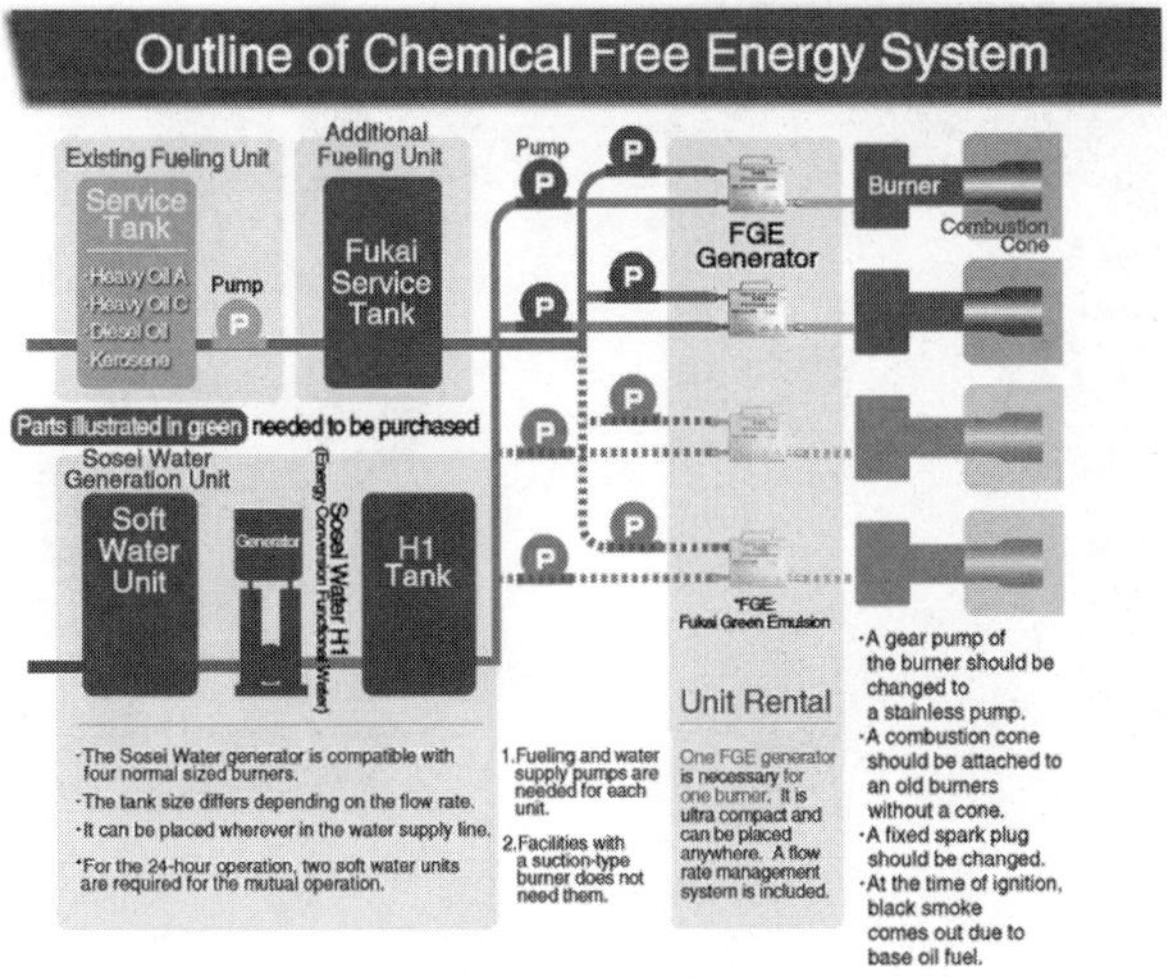

Fuel Cost and greenhouse gases can significantly be reduced.

<u>Art Exhibition and Interpretations</u>

Display of Photo Panels of Japanese National Treasures of Art from Koyasan Temple

高野山所蔵の国宝と重文などの密教美術のパネル展示と紹介

Dates: October 18 to October 24

Place: Pigott Atrium, Seattle University, 901 12th Ave, Seattle, WA

Curator: Mari Nakayasu, Reihokan Museum on Mt. Koya, Wakayama, Japan

Open to Public—Free of Charge.

<u>Sponsored by</u>

Seattle Koyasan Buddhist Temple

Seattle University

from the US Department of Defense to examine the role of emotions in ideologically-based groups.

In addition to his work at Humintell and San Francisco State University, Matsumoto is the author of numerous books and articles. He also serves as the Editor-in-Chief for the Journal of Cross-Cultural Psychology and is an Editor of the Culture and Diversity Section for the Social and Personality Psychology Compass. Matsumoto is also an Editorial Board Member for Personality and Social Psychology Review, Asian Journal of Social Psychology, Asian Psychologist, Journal of Nonverbal Behavior, Motivation and Emotion, Cognition and Emotion, Human Communication, Journal of Comparative Family Studies and Archives of Budo.

Matsumoto is also the head instructor of the East Bay Judo Institute in El Cerrito, California. He holds a 7th degree black belt as well as Class A Coaching and Referee Licenses. He has won countless awards, including the US Olympic Committee's Coach of the Year Award in 2003. In addition to holding various positions within the United States Judo Federation and USA Judo, Matsumoto served as the head coach of the 1996 Atlanta Olympic Judo Team and was the Team Leader for the 2000 Sydney Olympic Judo Team.

Matsumoto first began studying psychology at the University of Michigan at Ann Arbor, where he received his Bachelors Degree. He obtained his Masters and Doctorate Degrees in Psychology from the University of California at Berkeley.

David Matsumoto

Keynote Speech: 'Bi-cultures and American Ways of Global Communication'

Location: Pigott Auditorium, Seattle University, 901 12th Ave Seattle, WA

Time: 5:30 pm–6:30 pm on October 23, 2010

Open to Public—Free of Charge.

Dr. David Matsumoto, Director of Humintell, is a renowned expert in the field of microexpressions. Prior to his work at Humintell, Matsumoto worked with The Ekman Group, where he provided unique training in the fields of facial expression, gesture, nonverbal behavior, emotion and deception to private and public companies as well as various government agencies.

Since 1989, Matsumoto has been a Professor of Psychology at San Francisco State University. He is also the Founder and Director of SFSU's Culture and Emotion Research Laboratory. The laboratory focuses on studies involving culture, emotion, social interaction and communication.

In 2009, Matsumoto was one of the select few to receive the prestigious Minerva Grant; a $1.9 million grant skills, leadership and abilities in team working with staff and directors.

Concerning drama, she can play the role of a beau to that of a comic, also she can transverse the wide expanse from tragedy to comedy, while dazzling us with her acting, singing and dancing.

Recently, Kyoko has found great satisfaction in volunteer activities, her singing and performances have cheered up and brightened the lives of hospitalized patients, senior citizens and the handicapped. And their warm reception and appreciative sparkles in their eyes have re-energized Kyoko who will devote as much time as possible to these activities.

This year in March, 2010 at the Ginza Hakuhinkan Theater, she performed and acted in a 'Dance, Song and Drama #10 —The Rakugo and Review' in which she also newly incorporated and made a challenge to 'Rakugo,' a comical talk show dating from the Edo period. Then in August, she has been contributing her acting skills in 'Kyoka,' a play written by Ariyoshi, Sawako (a famous woman writer of the Showa and early Heisei period), produced by Shochiku and presented at the Mitsukoshi Theater. In September, the drama will go on the road to other theaters in Japan with Kyoko and Mizutani, Yaeko and Namino, Kuriko. In November, she is scheduled to perform in charity concerts.

In the past, Kyoko has performed in the United States, EU, Soviet Union, Africa and India. Kyoko is looking forward to meeting the people of Seattle and is very honored to have this opportunity to sing and perform in this great global city as an AIMCATS (The Academy of International Management, Cultures and Transdisciplinary Studies) member !

Music Performance: Kai Kyoko's Song and Talk for Theme:

Singing for Global Mind and Action

Place: Pigott Auditorium, Seattle University, 901 12th Ave Seattle, WA
Time: 7:00 pm–8:00 pm on October 23 (Sat)

Open to Public—Free of Charge.

Kyoko Kai (Kai, Kyoko as she is called in Japan, with last name first) is SKD (Shochiku Musical / Dance Troupe)'s last top star. While in the troupe she performed as leading star and also troupe leader, making the rounds in theaters around Japan and also as Japan's cultural envoy she has traveled, acting, singing and performing around the world.

Following the SKD's dissolution, she has continued to act in Shochiku produced theater and from 2004, she has performed in the Kai Kyoko dance, song and drama review.

Then in 2005, her excellence in the performing arts was recognized when she received the 2005. Culture Ministry's top award in the Performing Arts category. The award cited her efforts to carry on and develop the historical SKD traditions with its magnetic allure along with the high level of artistic performances and also noted were her managing

Fukai's Research Group for the New Water

President: Toshiharu Fukai, FUKAI Environment General Research Institute CO. LTD., Nagano, Japan

Staff: Takaaki Fukai, Hiroko Kodera, Makoto Yasumoto, Takashi Katsumi, Keiji Sanada

Grandma's Craft from Japan

—Traditional '*Chirimen Zaiku*' Silk Crafts—

(October 23 9:00 AM–5:00 PM / October 24 9:00 AM–11:00 PM)

'*Chirimen Zaiku*' Class from Ichikawa City

Head Master: Aiko Tanaka, President of Ichikawa City Cultures Council

Her Disciples: Raiko Shimura, Mikako Sugidaira, Midori Uchida, Fumiko and Yoshiaki Yamaguchi

Chirimen fabric is created with traditional weaving techniques that have been loved for many generations. ***Chirimen Zaiku*** is created from recycled or cast off kimono into small purses, toys, and other decorative art pieces. Chirimen Silk Craft techniques have been traditionally handed down from a mother to a daughter. They have developed skills to appreciate the values of kimono and find their aesthetic sense through this creative process.

These traditional skills and cultures will be transferred from Ichikawa City to the Seattle Community via the special training classes. Ms. Aiko Tanaka and her disciples will be showing their techniques, '*Chirimen Zaiku*' Class at Seattle University. Chirimen Arts are closely related to the concept of "small is great" and its ecological life style has been developed from the ancient Kyoto culture since 1200 years ago. The Chirimen Zaiku class will be conducted in participative face-to-face communication so it will be a good opportunity for people who are interested in learning this grass-roots popular culture for eco-living.

Special Exhibit

Art Exhibition and Interpretations

Display of Photo Panels of Japanese National Treasures of Art from Koyasan Temple

高野山所蔵の国宝と重文などの密教美術のパネル展示と紹介

Dates: October 18 to October 24

Place: Pigott Atrium, Seattle University, 901 12th Ave, Seattle, WA

Curator: Mari Nakayasu, Reihokan Museum on Mt. Koya, Wakayama, Japan

Team Leader: Bishop Kansho Mori, Koyasan Temple / Coordinator: Rev. Taijyo Imanaka

Although many schools of Buddhism, including Zen, have a tendency to lay more emphasis on the mind than the material realm, Shingon Buddhism dares to insist that the latter is also quite important. Our consciousness seeks something to see, touch, hear, taste, and smell. Shingon Buddhism bridges the gap between you, a very physical existence, and the metaphysical with mandaras, sacred implements, and dynamic statues. They are your “en,” the hidden connections for your encounter with treasures of Japanese art here in Seattle.

Staff of FUKAI Environment General Research Institute CO. LTD,

Topic. 9　**Workshop:** ***A New Global Order through Asia Pacific Linkage*** (11:00 AM–12:00 AM)

Coordinator: Prof. Ben Kim, Seattle University

Topic Presenter: Ron Hosogi, The Hosogi Associates

Panel Members:

Prof. Hiroyuki Okamoto, School of International Relations, Nippon University, AIMCATS-Japan

Prof. David Reid, Seattle University

Prof. Peter Raven, Seattle University

Cultural Skills Class and New Inventions Displays (October 24)

'Chirimen Zaiku' Class (ちりめん細工教室) from Ichikawa City (Oct. 24: 9:00 AM–11:00 AM): (Sewing and Piecing Together Leftover Silk Materials for Eco-Living)

高野山所蔵の国宝と重文などの密教美術のパネル展示と紹介（Oct. 24: 9:00–11:00 PM）

（Photo Panel Displays and Curator's Explanations of Koyasan' Owned National Treasures of Arts: Dates: October 18 to October 24, Place: Pigott Atrium, Seattle University, 901 12th Ave, Seattle, WA Curator: Mari Nakayasu, Reihokan Museum on Mt. Koya, Wakayama, Japan)

Team Leader: Bishop Kansho Mori, Koyasan Temple / Coordinator: Rev. Taijyo Imanaka

深井環境総合研究所㈱：深井利春社長と研究所スタッフによる環境新製品：'次世代の水' の研究成果の紹介コーナー（Oct, 24: 9:00–11:00 AM）

(New Invention Displays of Environmental Researches in Dealing with Water Improvements By President Toshiharu Fukai and the 6

Dates: October 18 to October 24, Place: Pigott Atrium, Seattle University, 901 12th Ave, Seattle, WA
Curator: Mari Nakayasu, Reihokan Museum on Mt. Koya, Wakayama, Japan)
Team Leader: Bishop Kansho Mori, Koyasan Temple / Coordinator: Rev. Taijyo Imanaka

深井環境総合研究所㈱：深井利春社長と研究所スタッフによる環境新製品：‘次世代の水’の研究成果の紹介コーナー（Oct. 23: 9:00 AM–5:00 PM）
(New Invention Displays of Environmental Researches in Dealing with Water Improvements By President Toshiharu Fukai and other 5 Staff from FUKAI Environment General Research Institute CO. LTD, : Takaaki Fukai, Hiroko Kodera, Makoto Yasumoto, Takashi Katsumi, Keiji Sanada)

October 24, Sunday

Topic. 7　**Arts Collaboration: National and Global Core Values** (9:00 AM–9:50 AM)

Japanese Collaboration to Art Making in the Age of Globalization

From NYC: Nina Murayama, City University of New York
From Seattle: Brian Ohno, the Brian Ohno Gallery in Seattle

Topic. 8　**Case Story Presentation by the Fukai Research Group for Innovation with Water & Life / Ecology and Society: ‘Humans and Water’**

Next Generation: Energy Born in the Orient / Changes in Water (10:00 AM–10:50 AM)

Toshiharu Fukai, President of Sosei Environments-Research Institute and human hearts. *Kai* is now one of the leading members of AIMCATS and a performing artist and singer (女優と歌手) in contemporary Japan.

Cultural Skills Class and New Inventions Displays (October 23)

***'Chirimen Zaiku'* Class (ちりめん細工教室) from Ichikawa City** (Sewing and Piecing Together Leftover Silk Materials for Eco-Living) **(Oct. 23: 9:00 AM–5:00 PM):**

Head Master:

Aiko Tanaka, President of the Ichikawa City Cultures Committee

Her Disciples:

Raiko Shimura, Mikako Sugidaira, Minori Uchida, Fumiko and Yoshiaki Yamada

'Chirimen-zaiku' is a traditional arts and crafts developed and fostered in old Kyoto to make various artistic products, such as small dolls and gifts by utilizing daily, mostly silk materials of used or cast off kimono. These skills and cultures will be transferred from Ichikawa City to the Seattle community via the special training classes held in Seattle University. These skills and art works also relate to the concept of 'small is great' and the ecological life styles developed over 1200 years of Kyoto culture. The ***'Chirimen Zaiku'*** class will be conducted in participative face to face communication and is a skills transfer opportunity for those who are interested in grass-roots popular cultures.

高野山所蔵の国宝と重文などの密教美術のパネル展示と紹介（Oct. 23: 9:00 AM–5:00 PM）

(Photo Panel Displays and Curator's Explanations of Koyasan' Owned National Treasures of Arts:

and Literature, Lead Translator

Panel Members:

Bruce Rutledge, Chin Music Press, President

Joshua Powell, Chin Music Press, Lead Designer

Jie Pan, Seattle Asian Art Museum, McCaw Foundation Library

Lisa Albers, Lead Writer, Cat Daddy Games

Hilary Robbeloth, UW Information School, Library and Information Science

Key-note Speech: 'Bi-cultures and AmericanWays of Global Communication' (5:40 PM-6:30 PM)

Keynote Speaker:

Prof. David Matsumoto, Director of Humintell, Founder and Director of Culture and Emotion Research Laboratory, San Francisco State University, AIMCATS Member

Panel Members for Q&A:

SU Students (Undergraduate, Graduate, and Alumni)

Moderator:

Victoria Jones, Ph. D.

Associate Provost for Global Engagement, Seattle University

Music Performance:

SKD 甲斐京子 Kai Kyoko's Song and Talk for Theme: *Singing for Global Mind and Action* (6:30 PM-7:30 PM)

Kai, Kyoko has received the outstanding government award: 'Top Award in Performance Arts Culture Category in 2005' from the Ministry of Education in Japan (文部科学技術省・文化庁；芸能文化賞)

As the distinguished top star of the former SKD (松竹歌劇団) she has visited many countries upon various governments' requests and has sung on the many overseas stages to bridge cultural diversities

Panel Members (Expected):

Prof. John Dienhart (Business Ethics), Albers School of Business and Economics, Seattle University

Prof. Terry Foster (Business Law), Albers School of Business and Economics, Seattle University

Ron Hosogi, The Hosogi Associates, Former Executive at Microsoft Company, Founder of Microsoft Company in Japan, Korea, Taiwan, and Singapore

Prof. Hiroyuki Okamoto, Nippon University, AIMCATS-Japan Vice President

Topic Paper Presenters:

Prof. Motofusa Murayama, Albers School of Business and Economics, Seattle University

Masahiko Fukuda, AIMCATS-Japan, Chukyo University

Topic. 5　**'Small is Great': A New Perspective of Ecology and Development** (3:00 PM–3:50 PM)

Paradigm Shifts:

To Visualize the Invisible Things and Matters—Introduction of Volunteer Works in the Drying and Desertification Areas of the Yellow River in China

Prof. Takashi Ishigami, School of Humanity and Environment, Hosei University, Tokyo, AIMCATS- Japan Vice President

Discussant:

Prof. Fumiyo Kobayashi, Faculty of Arts and Sciences, Seattle University

Topic 6　**Seattle Culture and Global Human Resources**

Workshop:

'Seattle is Global' via Bi-Cultures (M. Ramirez's Project Team)

Chair:

Mike Ramirez, Researcher and Translator, Japanese Language

My Understanding about International Marriages Referring to my Recent Publications

Prof. Shizuko Suenaga, School of Arts and Sciences, Seattle University

Issues Discussant:

Our Study Experiences in the Seattle Metropolitan Districts

Mike Forrester, Distinguished Researcher of 'International Marriage'

Topic. 3　**Global Education and Seattle Cultures** (11:00 AM–12:20 AM)

Japanese Religion: Local Culture, Global Relevance (Panel Discussion)

Organizer:

Prof. Kyoko Tokuno, Comparative Religion Program, University of Washington

Panelists:

Kyle Bond, Joe Marino, Edward Smith (Comparative Religion MA Program, University of Washington), Dillon Brown, Eve Granzow (Japan Studies MA Program, University of Washington), Thomas Johnsen, Michael Ramirez II (*Koyasan* in Seattle)

Respondent:

Respondent: Bishop Kansho Mori, Koyasan Temple and Fugen-in, M. D.

Topic. 4　**Social Justice and Global Strategies** (1:30 PM–2:50 PM)

Symposium:

Global Business and Toyota Corporate Cultures—Rethinking Toyota's Recall Issues for Global Strategies

Coordinator:

Prof. Ben Kim, Chairman of the Department of Management, Albers School of Business and Economics, Seattle University

Seattle is Global Conference

at Seattle University in 2010

Participation Themes and Participants

October 23, Saturday

Topic. 1 The Global Drifters / Pacific Asian Culture (9:05 AM–9:50 AM)

Coordinator:

Motofusa Murayama

The Albers School of Business and Economics, Seattle University

Paper Presenters:

Lessons from Otokichi's Global Drifting Life Styles in the Pacific Asia

Kenichi Tanabe, AIMCATS-New York City, Nippon Kodo Co,

John Manjiro's Contributions to Open the Closed States via American Cultures and Civilization

Nina Murayama, City University of New York, Ph. D. in American Arts History, AIMCATS-NYC Vice President

Field Researchers of Otokichi at **Cape Alava**, the westernmost point of Washington's Olympic Peninsula and ***Onoura*** of Chita Peninsula in Aichi Prefecture in Japan

Matahiko Fukuda, Asahi University in Ougaki, Japan

Erika Kawai, Chukyo University in Nagoya, Japan

Ahmed Alugfie, Seattle University (Postgraduate Student)

M. K. Murayama, Reitaku University, Chiba, Japan

Topic. 2 **International Marriages** (10:00 AM–10:50 AM)

Issues Presenter:

9:00 AM–11:00 PM **Photo Panel Displays and Curator's Explanations of Koyasan' Owned National** (Treasures of Arts.)

Dates: October 18 to October 24, Place: Pigott Atrium, Seattle University, 901 12th Ave, Seattle, WA

Curator: Mari Nakayasu, Reihokan Museum on Mt. Koya, Wakayama, Japan

9:00 AM–11:00 PM **New Invention Displays of Environmental Researches in Dealing with Water Improvements** By President Toshiharu Fukai and the 6 Staff of the Fukai Research Institute

October 24, Sunday

Off Campus Program, at Koyasan in Seattle (12:00 PM–7:00 PM)

12:00 PM–02:00 PM **SKD Kai Kyoko' Song Dedication at *Koyasan*,** Seattle at a memorial service for *'Otokichi,'* the first Japanese to arrive at Cape Alava, the westernmost point of Washington's Olympic Peninsula in 1834 after drifting in a rudderless wrecked ship for 14 months across the Pacific Ocean.

2:30 PM–4:30 PM ***'Chirimen Zaiku'* Class** at Koyasan in Seattle (Handicrafts Construction Using Leftover Silk Materials for Eco-Living)

5:00 PM–7:00 PM **Introduction of *Shoujin Ryouri*** (Buddhist vegetarian cuisine)

Dates: October 18 to October 24, Place: Pigott Atrium, Seattle University, 901 12th Ave, Seattle, WA
Curator: Mari Nakayasu, Reihokan Museum on Mt. Koya, Wakayama, Japan)

9:00 AM–5:00 PM New Invention Displays of Environmental Researches in Dealing with Water Improvements By President Toshiharu Fukai and 6 Staff of the Fukai Research Institute

October 24, Sunday (Each breaking time 15 minutes)

Workshop, Symposium, and Paper Presentations:

9:00 AM–9:45 AM Topic. 7 **Arts Collaboration: National and Global Core Values**

10:00 AM–10:45 AM Case Story Presentation by the Fukai Research Group for Innovation with Water & Life

Topic. 8 **Ecology and Society: 'Humans and Water'**

11:00 AM–12:00 PM Topic. 9 **A New Global Order through Asia Pacific Linkage**

Closing and Appreciation Speech: Prof. Ben Kim
Albers School of Business and Economics
Seattle University

October 24, Sunday

Cultural Skills Class and New Inventions Displays

9:00 AM–11:00 PM ***'Chirimen Zaiku'* Class from Ichikawa City**
Sewing and Piecing together Leftover Silk Materials—Learning Eco-Living

1:30 PM–2:45 PM Topic. 4 Social Justice and Global Strategies
3:00 PM–3:45 PM Topic. 5 'Small is Great' : A New Paradigm of
Ecology and Development
4:00 PM–5:00 PM Topic. 6 Seattle Cultures and Global Human Resources
5:30 PM–6:30 PM Keynote Speech: David Matsumoto[6]
"Bi-cultures and American Ways of Global Communication"
Panel Discussion: Seattle University Students
Moderator: Victoria Jones
7:00 PM–8:00 PM Music Performance:
Kai Kyoko[7], Shochiku Musical / Dance Troupe (SKD)
Theme: Singing for Global Mind and Action
Moderator: Ben Kim
8:00 PM Closing Comment and Appreciation Speech:
Moderator: Victoria Jones, Ph. D., Associate Provost for Global Engagement, Seattle University

October 23, Saturday

Cultural Skills Class and New Invention Displays

9:00 AM–5:00 PM ***'Chirimen Zaiku'* Class from Ichikawa City**
Sewing and Piecing together Leftover Silk Materials—Learning Eco-Living
9:00 AM–5:00 PM **Photo Panel Displays and Curator's Explanations of Koyasan' Owned National Treasures of Arts:**

[6] Dr. David Matsumoto will be introduced at the end of this program.
[7] Performing Artist: Kyoko Kai will be introduced at the end of this program.

'Seattle is Global' Conference

At Seattle University in 2010

Program

October 22, Friday Night

4:00 PM to 6:00 PM	SU & AIMCATS Get Together (*'kao-awase'*) Sake Tasting Party—VIP, Study Associates and the Press are Invited at the Casey Hall, Seattle University

October 23, Saturday (Each breaking time 15 minutes)

Workshop, Symposium, and Paper Presentations: (SU faculties can select topics as moderators or discussants according to their interests. All sessions are presented in the Pigott Hall, Seattle University).

8:00 AM–8:30 AM Registration

8:30 AM–9:00 AM Welcome and Greetings:

Victoria Jones, Associate Provost for Global Engagement

Joe Phillips, Dean of the Albers School of Business and Economics

Motofusa Murayama, President of AIMCATS and Visiting Distinguished Professor at the Albers School

Ben Kim, Chair of the Department of Management at the Albers School

9:00 AM–9:45 AM	Topic. 1	The Global Drifters / Pacific Asian Cultures
10:00 AM–10:45 AM	Topic. 2	International Marriages
11:00 AM–Noon	Topic. 3	Global Education and Seattle Cultures

Planning and Executing Committee

Japan Side (AIMCATS[5]):

Yuichi Masuda, AIMCATS, Chiba City Hall-mail: aimcats@m9.dion.ne.jp

Matahiko Fukuda, AIMCATS, Chukyo University: YHY10775@nifty.ne.jp

Takashi Ishigami, Hosei University, Tokyo: ishigami@i.hosei.ac.jp

Hiroyuki Okamoto, Nippon University, Tokyo: okmthryk@maple.ocn.ne.jp

AikoTanaka, Culture Committee. Ichikawa City: aiko-8787jyouyatou@docomo.ne.jp

The U.S.A. Side (Seattle University):

Ben Kim, Chairman of Management Department, Albers School of Business and Economics: bkim@seattleu.edu

Dale H. Watanabe, International Student Advisor of International Students Center: watanabed@seattleu.edu

Shizuko Suenaga, Literature, College of Arts and Sciences: suenagas@seattleu.edu

Naomi Kasumi, Fine Arts, College of Arts and Sciences: kasumin@seattleu.edu

Fumiyo Kobayashi, Literature, School of Arts and Sciences:

Motofusa Murayama, Albers Sch. of Bus. & Economics: murayamm@seattleu.edu

---

[5] The operations of AIMCATS (The Academy of International Management, Cultures and Trans-disciplinary Studies) was first noted in 1978 in the Oriental Economists (Publisher: Toyokeizai Shinposha, Tokyo) and was officially founded in 1995 in Chiba National University in order to polish the International Management course which was founded in Sophia University in 1965 as the first established course amongst the Japanese universities by Prof. Motofusa Murayama who is Professor Emeritus of Chiba University in Japan and now a Visiting Distinguished Professor at Seattle University in America.

welcome!!!

3. **Cultural presentations:** Performance arts, craftsmanship display and demonstration, traditional folk arts presentation, and other related cultural programs for those who can perform, introduce or can teach others about their culture, instruments, folk crafts, etc.
4. **Field trips:** We can recommend companies or institutes based in the Seattle Area according to your research projects and interests.

Special Event: *Kai, Kyoko's* Song and Lecture[4]

Theme: *Singing for Global Mind and Action*

Participants: Open to all young and old, who are interested in the conference purpose and want to express his / her cultures, research studies, craftsmanship and works or businesses.

Conference Dates: 3 days of / Oct. 22 (Friday), 23 (Saturday), and 24 (Sunday), 2010.

Conference site (Seattle University): Itinerary and travel plans are up to each individual. Seattle is a west coast gateway city with the home offices of many global companies and there are opportunities to visit these companies and government offices, plus the opportunities to tour the city which houses the famous Seattle Mariners Stadium (Safeco). The natural beauty of the city is unexcelled with the sea, bay and mountains close by. Furthermore, Seattle University is a constructive model for university reformation.

---

[4] ***Kai, Kyoko*** has received the outstanding government award: 'No 1 Award in Performance Arts Culture Category in 2005' from the Ministry of Education in Japan (文部科学技術省・文化庁；芸能文化賞). As the distinguished top star of the former SKD (松竹歌劇団) she has visited many countries upon the Japanese government's request and has sung on the many overseas stages to bridge cultural diversities and human hearts. ***Kai*** is now one of the leading members of AIMCATS and a performing star (女優と歌手) in contemporary Japan.

Fortunately the **Global Seeds of Seattle Culture** have been preserved in the Seattle Culture itself.

This Seattle Culture has steadily stocked piled within, this indigenous type refined Seattle Patterns and Structure with its aesthetic philosophy of the proud craftsmen's nature and temperament and the corporate entrepreneurial spirit. Similar to the rhythms of the blooming and falling **Seattle Cherry Blossoms**, the spiritual manifestation of a sophisticated world vision and this human power to be courageous and decisive; these make up the unchanging structure of Seattle Culture. So we are faced with the necessity to reconsider Seattle Culture which acts as a bridge between American Cultural Diversities and American Ways of Civilization Dynamism including research interests in Japanese and Asian Affairs such as acculturations, adaptations, transformations, and innovations in the areas of Societies, Educational Works, Public Administrations, Businesses and New Management Patterns.

Now, let's search for that Global Human Power Hidden in Seattle Culture which bridges individual civilization lifestyles and cultural diversities from the perspectives of **'Seattle is Global.'** In other words, **'all the bridges in the globe can be symbolized within a bridge in Seattle.'**

Ground Picture

Meeting Clusters:

1. **Paper presentations:** Choose any free theme according to the aforementioned Conference purpose. Each presentation should be limited to 40 minutes including 20 minutes for questions and discussions. English presentation.
2. **Workshops:** Cultures-Civilization Bridging Themes relating to any Seattle Culture of common interests, discussions, creative ideas

'Seattle is Global' Conference

At Seattle University in 2010

Bridging Gaps Between Cultural Diversities And Civilization Dynamism

Conference Purposes

The core characters of Seattle Culture have been enhanced in the globalization phenomena for it has that sophisticated spirit and efficiency to return to the foundations of nature and life origins. And when that sophisticated world vision combines with that adventurous destructive creativity and courageous decisive action that Seattle Culture takes formation into a global culture while transforming each individual human power into that accumulated virtue and polished intuitive vitality.

The central structural pivot of Seattle Culture sought contains that belief in the aesthetics of life and death piercing through while hidden within is that courage concealed in that outer sophisticated formation. However that kind of sophistication and courage of **Seattle Cultural DNA** are not easily discovered amidst the corpulence of globalization.

This globalization trend causes a structural change which can not be denied amid the currents of technological innovation. It seems that the governments, economies and on to societies are starting to march together toward a one world-type standard. Indeed, bridging researchers and cultures in the globalization age, human powers must be reviewed from the core characters of Seattle Culture.

3. 志村雷子 Raiko Shimura
4. 杉平三伽子 Mikako Sugidaira
5. 山口喜昭 Yoshiaki Yamaguchi
6. 山口冨美子 Tomiko Yamaguchi

FUKAI Environment General Research Institute　深井環境総合研究所

1. 深井利春 Toshiharu Fukai
2. 深井貴明 Takaaki Fukai
3. 小寺祐子 Hiroko Kodera
4. 安元誠 Makoto Yasumoto
5. 高地智博 Tomohiro Kouchi
6. 真田慶二 Keiji Sanada

Management Culture Forum　経営文化フォーラム

1. 山崎曙道 Shodo Yamazaki
2. 松本康 Yasushi Matsumoto

"Seattle is Global" Conference 2010 at Seattle University

Listing of Participants from AIMCATS Members & Associates

October 21, 22, 23, 24, 2010

日本側からの参加者名簿

Hosei University　法政大学

1. 石神隆 Takashi Ishigami

Nippon University　日本大学

1. 岡本博之 Hiroyuki Okamoto

Chukyo University　中京大学村山研究室

1. 白砂守 Mamoru Shirasuna
2. 白砂智美 Tomomi Shirasuna
3. 福田復彦 Matahiko Fukuda
4. 河合江里佳 Erika Kawai

Chiba University　千葉大学村山研究室（NYC & SF 含む）

1. 田辺賢一 Kenichi Tanabe
2. 村山にな Nina Murayama
3. M. K. ムラヤマ M. K. Murayama
4. デビット・マツモト David Matsumoto
5. 村山元英 Motofusa Murayama

Koyasan Museum & University　高野山本山グループ

1. 森寛勝 Kansho Mori
2. 今中太定 Taijyo Imanaka
3. 中安真理 Mari Nakayasu

Kai Kyoko's Performance Arts Office　甲斐京子事務所

1. 冨里美砂子 Misako Tomisato
2. 甲斐京子 Kyoko Kai

Ichikawa City Cultures Committee / Chirimen Zaiku　ちりめん細工

1. 田中愛子 Aiko Tanaka
2. 内田美法 Minori Uchida

味のある方へ，1対1の対話による技術紹介を行います。

師匠：市川市文化交流会会長　田中愛子 先生
門下生：志村雷子，杉平三伽子，内田美法，山口喜昭，山口冨美子

環境新製品の‘次世代の水’の研究成果の紹介コーナー
(世界初，触媒を使わず水から水素ガスを大量に抽出。次世代の水)

従来のエネルギーのシステムを大転換する画期的な方法が開発されました。水素ガスは，今全世界で注目を集めているエネルギーですが，これまでの水素ガス発生の技術においては，水素ガスの元となる水の研究については，全くといってよいほどなされていませんでした。水はすべて同じという考えから，1　最高温度，2　電気分解，3　溶剤，4　触媒のみに注目し，研究がなされてきました。

それに対して私どもは，水素の多くが水として存在しているという事実から，水に着目し研究を重ねてきました。今回，私どもが開発したのは・・・・・・・。

創生ワールド社長／深井環境総合研究所代表：深井利春
同社研究所スタッフ：深井貴明，小寺祐子（通訳），安元誠，高地智博，勝見孝，真田慶二
国際 PR 協力者：経営文化フォーラム　山崎曙道／松本康

合は上記シアトル大学事務局へ。文化紹介や研究発表の希望者の場合には，内容紹介のタイトルと関連者ないしチームの名前を知らせてください。

協　力：国籍を問わず，国際交流ボランティアーと，志のある企業，大学，公的機関，専門家，研究者，学生など。

特別展示

高野山所蔵の国宝と重文などの密教美術のパネル展示と学芸員による解説

展示日程：2010 年 10 月 18 日（月曜日）～ 24 日（日曜日）

展示場所：Pigott Atrium, Seattle University, 901 12th Ave, Seattle, WA #98122

解説担当：高野山霊宝館・学芸員早稲田大学講師中安真理（なかやすまり）

派遣団団長：高野山本山森寛勝僧正／企画調整：高野山シアトル寺院今中太定住職

「ちりめん細工教室」
千葉県市川市の市民文化団体による日本のおばあちゃんの手仕事展
―伝統のちりめん細工―

日本において古くから愛好されてきた絹織物「ちりめん」。そのちりめんの古い着物や残り布を縫い合わせ，小物入れ，飾り物，おもちゃなどを作ったのが，「ちりめん細工」です。ちりめん細工には，日本において母から娘へ代々伝えられてきた，細やかな手仕事の伝統と，かわいらしい美的感覚，そして物を慈しみ大切にする心が，深く息づいています。

この伝統工芸文化が，シアトルでも体験ができます。田中愛子先生とそのお弟子さんが，シアトル大学でちりめん細工教室を開催します。ちりめんの伝統芸術は，1200 年にも及ぶ環境に優しい京都の文化に源流があります。今回のちりめん細工教室では，こういった文化の継承に興文化紹介：希望者による「自己文化の実演紹介」の場と文化交流機会の提供，“ふるさとのお国自慢や趣味の技芸”をシアトルに紹介！　2010年9月22日現在までの申込事例：
1. 「高野山所蔵の国宝と重文などの密教美術のパネル展示と学芸員による解説（高野山シアトル寺院の今中太定プロジェクト）
2. 「ちりめん細工：端切れ人形教室の開催」（行徳企画村／市川市文化懇談会田中愛子プロジェクト）
3. 環境新製品の‘次世代の水’の研究成果の紹介コーナー（深井環境総合研究所プロジェクト／協力：経営文化フォラム）シアトルの日系社会からも文化紹介の参加を要請。

特別イベント：シアトル大学で甲斐京子[3]の歌と特別講義
テーマ：「幸せを呼ぶ“グローバル人情”，歌の架け橋！」
対　象：大学関係者に限らず，企画主旨の賛同される総ての老若男女。また国境と異文化を超えて多国籍企業のこの問題に関心があり，同様の問題解決に苦慮する担当者と研究者の参加を歓迎します。
申　込：シアトル市内の諸団体が一括して窓口となるか，個人申込の場

---

[3] 甲斐京子は、元ＳＫＤ（松竹歌劇団）の最後のトップスターです。在団中は主役や座長として国内の劇場で活躍するだけでなく、世界中を国の文化使節や主役として各国政府の要請で多くの海外舞台で「文化多様性と人間の心をつなぐ」“歌と踊りそして劇”を披露してきました。ＳＫＤ解散後は松竹などの芝居に出演し、女優として現在も活躍しています。平成１６年度からは、歌と踊りと芝居を入れた。「甲斐京子ダンス・ソング・ドラマ」を公演し、その４回目公演で2005年度の文部科学省・文化庁からその卓越した大衆を魅了する歌唱力と演技力により「芸術祭大賞」を受賞しました。文化庁によると、その受賞理由は松竹歌劇団レビューの伝統と魅力を継承発展させた成果と甲斐の歌唱力の高さ並びにスタッフとのチームワークの良さが評価されました。毎年､甲斐京子デイナー･ショウが後援会主催で開催されますが､それ以外に､千葉大学などで若者にグローバルな気持ちを込めた歌の紹介と体験的な文化交流の特別講義に定評があります。彼女はAIMCATS（国際経営文化学会）の会員で世界をつなぐ心を歌のリズムで表現し、聴く者たちへ人間に明日への活力をもたらす“芸能文化の真髄”を伝えます。

演

「二重文化とグローバル交流」

元 SKD 甲斐京子の歌と特別講義：「‘幸せを呼ぶ’ 歌声」

24 日（日）

午前の部（午前 8 時 30 分～ 11 時）

シアトル大学で ‘架け橋’ 研究交流：学問の多様性を共同研究

午後の部（12 時～ 7 時）

奉仕活動：地元への奉納演奏や文化紹介活動

(12 時～ 2 時)

高野山シアトル寺院で音吉供養と甲斐京子の歌奉納

(2 時 30 分～ 4 時 30 分)

同寺院でちりめん細工教室の実地指導

(5 時～ 7 時)

同寺院で精進料理の披露

概　要：研究報告　上記企画主旨に沿い報告と質疑応答は，45 分程度英語で。

申込み事例：「日米企業倫理とグローバル経営教育―米国議会でのトヨタ・リコール問題をめぐって」。2010 年 9 月 22 日現在での英文報告プログラムは別紙にあり。

ワークショップ　申込み事例：「ニッポン音吉（シアトル最初の日本人）やジョン・万次郎（日米外交の先覚者）の漂流に学ぶ」，「企業研究：「マイクロソフト社の経営戦略」，「地域研究：ワシントン大学から「日本の宗教」などの報告申込みあり。2010 年 9 月 22 日現在での詳細の英文ワークショップ・プログラムは別紙の通り。

企業視察：希望により手配。例えば，ボーイング，マイクロソフト，アマゾン，コスコ，ポート・オソリテイなどシアトルには数多くの多国籍企業の本社がある。2010 年 9 月 22 日現在は，シアトル都市研究／自由行動の申込み多数。

グローバル規範の会社文化：「粋と度胸の人間力」を，米国シアトル大学で一緒に探したい。

主　催：シアトル・グローバル会議実行委員会（日・米事務局：福田復彦，河井江里佳，白砂守，白砂智美，ベン・キム，M. K. ムラヤマ，村山元英，増田由一，シアトル大学学生ボランティアーら）

事務局：米国側・シアトル大学・村山研究室（連絡担当村山元英）
E-mail: murayamm@seattleu.edu　Tel: 206-605-0972
日本側・国際経営文化学会（連絡担当増田由一／福田復彦）
E-mail: haf03330@ams.odn.ne.jp ／ aimcats@m9.dion.ne.jp

場　所：シアトル大学米国ワシントン州シアトル市 12 街路 301 番地 #98122
The Albers School of Business and Economics, Seattle University, 901 12th Avenue, Seattle, WA 98122, U.S.A.

期　間：2010 年 10 月（今後多少の日程と研究テーマの変更の可能性あり）
22 日（金）
昼：シアトル都市研究／自由行動：現地・現物の真実を探る
夜の部：参加者を囲む国際交流の宴：人間の架け橋となろう (5 時～ 7 時)
23 日（土）
昼の部（午前 8 時半～午後 5 時 20 分）：
シアトル大学で‘架け橋’研究交流：学問の多様性を共同研究
夜の部（5 時 30 分～ 8 時）：
情緒研究者／柔道家・デビット・マツモト教授[2]の基調講

---
[2] Dr. David Matsumoto の英文紹介は本プログラムの別紙にある。

に苦悩してきている。

グローバル化の肥大化は，技術革新と世界平準化の潮流から否定できない構造変革である。政治，経済，そして社会は世界的標準化へ足並みをそろえる傾向にある。日本のモノづくり会社文化はその潮流に流されながらも，その勢いを取り込んでより逞しく成長してきた。

日本発の会社文化は，土着的にいぶし銀のようなモノづくりの美的哲学（職人気質と企業家精神）を蓄えてきた。その土地の桜の花が咲き・散り，また咲くリズムを精神表現するかのように，「粋の世界観」と「決断する度胸」の人間力が日本発の会社文化の変わらない構造である。だが，現在の日本や海外で日本の会社文化は変わることなく正常に海外で機能しているだろうか，制度的疲労がないだろうかという疑問がある。そこで，日米文化の架け橋となる会社文化を，その職人文化も含めて再考する必要に迫られてきた。

それはそれとして，日本の会社文化は海外へ移転できないという考えもある。そうした認識の起源は，日米を含め複数の文化との共時化に苦悩する国際結婚と多国際企業の増大と，多元的異種混合社会の日常生活化のグローバル現象からである。

自分の中のもう一つの文化と共生するバイ・カルチャー問題，例えば，日米バイ・カルチャーへの本質理解が日米間で共有されているだろうか。かくして，会社文化のグローバル化現象でその問題解決への研究・教育の再構築が求められている。

その問題解決への道標として：

⑴「自己内在のバイ・カルチャー」への認識

⑵「バイ・カルチャー人間の器量」への洞察

⑶「日米バイ・アカデミイズム」への自己評価

を探す共同研究をここに提案したい。

また，世界の平準化傾向から，さらに世界標準の底上げ現象を現代のアメリカ社会で目のあたりにするとき，社会的正義のグローバル会社文化が問われる。いうならば，市場規範から社会規範となり，さらに今や

巻末資料

【シアトル・グローバル会議】

架け橋の「“場づくり人生”を探る」

“Seattle is Global” Conference[1]

at Seattle University in 2010

開催主旨

グローバル化現象に迷いのない会社文化の本質は，無駄を削ぎ自然や生命の基本に還る‘粋’の精神とその行為である。磨かれた「粋の世界観」が創造的破壊の冒険精神に支えられて，「決断する度胸」を伴うとき，そこにローカルな文化をグローバルな文化の形にする人間力が見出せる。

外見の粋な形に潜み，秘めた内心の度胸，即ち，信念を貫く死生観の美学が私どもの求める会社文化の中枢構造である。だが，その粋と度胸の日本文化遺伝子（DNA）は，残念ながらグローバル化の肥大により失われつつある。言い換えると，大規模化への制度的勝利が，その勝利の要因の文化的遺伝子を自ら斬り捨てていた。たとえば，日本国内のモノづくり文化がその企業グローバル化の成功の裏側で海外経営と国内経営とをつなぐ会社文化の“際崩し”の能力開発や“架け橋”の機能構築

---

[1] 日本からも大学研究者や街づくり文化人らが国際経営文化学会（AIMCATS）の呼びかけで参加。同学会は1965年に上智大学において日本の大学で最初に開講された「国際経営学」と「経営文化論」（企業文化論・異文化経営論など）を普及するための学術研究組織。その正式な創立は千葉大学（国立大学）の村山研究室とその研究協力者らによって1995年4月28日の村山元英教授の還暦祝い（銀座帝国ホテルで）の出席者(約800名)のご提案で創立。国際経営文化学会の創立はそれ以前に1978年2月から東洋経済新報社で開催されてきた「国際経営研究集談会」（座長・村山元英教授）に遡る。国際経営文化学会の会長は，現在シアトル大学特別招聘教授の村山元英先生（千葉大学名誉教授，商学博士）。